SCHRIFTEN zur öffentlichen Verwaltung und öffentlichen Wirtschaft

Hrsg. von Prof. Dr. Peter Eichhorn und Prof. Dr. Peter Friedrich

Band 59

Privatdozent Dr. Jürgen Bartnick

Bewertung und Kompromißbildung

Eine Weiterentwicklung der Nutzwertanalyse mit Beispielen aus der Raumplanung

Nomos Verlagsgesellschaft
Baden-Baden

CIP-Kurztitelaufnahme der Deutschen Bibliothek

Bartnick, Jürgen:
Bewertung und Kompromißbildung: e. Weiterentwicklung d. Nutzwertanalyse mit Beispielen aus d. Raumplanung / Jürgen Bartnick. – 1. Aufl. – Baden-Baden: Nomos Verlagsgesellschaft, 1983.
  (Schriften zur öffentlichen Verwaltung und öffentlichen Wirtschaft; Bd. 59)
  ISBN 3-7890-0807-9
NE: GT

1. Auflage 1983
© Nomos Verlagsgesellschaft, Baden-Baden 1983. Printed in Germany. Alle Rechte, auch die des Nachdrucks von Auszügen, der photomechanischen Wiedergabe und der Übersetzung vorbehalten.

Vorwort

Der Verfasser beschäftigt sich seit 1971 mit dem Problem der Kompromißbildung im Sinne der Angabe einer kollektiven Präferenzrelation für eine Gruppe von Entscheidungsträgern.
In seiner Habilitationsschrift, die ich betreut habe, hat er einen exakten Algorithmus angegeben, den er selbständig entwickelt hat. Arbeiten aus Frankreich mit ähnlichen Ansätzen waren ihm damals noch nicht bekannt, weil sie in schwer zugänglichen französischen Zeitschriften veröffentlicht wurden. In der vorliegenden Schrift sind die französischen Arbeiten (und andere neuere Veröffentlichungen) angegeben und eingeordnet.
Das Kompromißbildungsverfahren wird vom Verfasser erweitert zu einem Bewertungsverfahren. Die Borda-Regel kann als Näherungsverfahren für diese Bewertung angesehen werden (das aber nicht ausreicht).
Das vom Verfasser entwickelte Bewertungsverfahren wird für ein Problem aus der Raumplanung mit der herkömmlichen Delphi-Methode verglichen.
Das Verfahren der »ordinalen Delphi-Runden« ist eine Neuschöpfung.

Münster (Westfalen), im Dezember 1982   Walburga Rödding

Vorwort des Verfassers

Die vorliegende Arbeit ist eine Überarbeitung meiner Habilitationsschrift »Bewertung und Kompromißbildung in der Raumplanung«, die ich in den Jahren 1976-77 verfaßt und Anfang Januar 1978 bei der Abteilung Raumplanung der Universität Dortmund eingereicht habe.
In den folgenden Jahren habe ich mich intensiv um die Betreuung von Projekten an der Abteilung Raumplanung gekümmert. Deshalb hat sich die Veröffentlichung meiner Arbeit verzögert, jedoch habe ich mich weiter mit dem Thema »Bewertung und Kompromißbildung« beschäftigt und auf internationalen Tagungen darüber berichtet.
In den Text sind neue Ergebnisse eingearbeitet und Hinweise auf neuere Veröffentlichungen (insbesondere aus Frankreich) aufgenommen worden.
Bei diesen Veröffentlichungen handelt es sich einerseits um Arbeiten aus dem Bereich Operations Research und andererseits um Arbeiten aus dem Bereich Raumplanung. Ich habe mich bemüht, hier Verbindungen herzustellen.
Mein Bewertungsverfahren ist jedoch nicht auf die Raumplanung beschränkt. Deshalb spreche ich jetzt (auch im Titel dieser Arbeit) einen größeren Leserkreis an.
Im mathematischen Anhang sind EDV-Programme angegeben. Die Programmiersprache FORTRAN IV ist sicherlich nicht die eleganteste. Ein Programm habe ich zusätzlich in ALGOL W und in PASCAL formuliert. Außerdem hoffe ich, daß die grundlegenden Ideen für die Programmierung auch aus einem FORTRAN-IV-Programm zu erkennen sind.
Für zahlreiche Anregungen danke ich Frau Prof. Dr. Dr. W. Rödding, für die Daten im empirischen Anhang danke ich dem Institut für Raumplanung der Universität Dortmund (IRPUD), für technische Hilfeleistungen als studentische Mitarbeiterin danke ich Susanne Glück.
Für die Hilfe bei der vorliegenden Veröffentlichung danke ich Magdalene Haack und Reinhard Henke.
Ganz besonders danke ich meiner Familie für Verständnis und Geduld.

Dortmund, im Dezember 1982   Jürgen Bartnick

Inhaltsverzeichnis

Vorwort 5
Vorwort des Verfassers 7
Verzeichnis der Abbildungen und Tabellen 13
Symbolverzeichnis 14

Erstes Kapitel
Präferenzrelationen 15

A. Alternativen 15
B. Ziele und Kriterien 16
C. Paarweise Vergleiche 17
D. Darstellung durch Graphen 18
E. Transitivität 20
F. Abstimmungen 21
G. Optimale kollektive Präferenzrelationen 24

Zweites Kapitel
Optimalitätskriterien 27

A. Formalisierung des Optimalitätskriteriums 27
B. Einschränkung auf vollständige Präferenzrelationen 28
C. Widerspruchsfreie Mehrheitsentscheidungen 29
D. Minimierung von Distanzen 30
E. Kompromißbildung bei unvollkommener Information 31
F. Präferenzrelationen und numerische Bewertungen 33

Drittes Kapitel
Auswahlfunktionen und optimale Präferenzrelationen 35

A. Ein Beispiel aus der Raumplanung 35
B. Berechnung optimaler Präferenzrelationen 36
C. Explizite Darstellung der Funktion Wert(x, X) 38
D. Ein Beispiel zur P_1-Optimierung 39

E. Ein Beispiel zur P_0-Optimierung 42
F. Zur Kompliziertheit des Verfahrens 44
G. Strategische Abstimmungen 46
H. Unabhängigkeit von irrelevanten Alternativen 47

Viertes Kapitel
Algorithmen zur Lösung der Optimierungsaufgabe 51

A. Dynamische Optimierung 51
B. Branch and Bound 52
C. Lineare Optimierung 56

Fünftes Kapitel
Kardinale Bewertung der Alternativen 59

A. Auszählen von Stimmen 59
B. Kardinale Bewertung von Alternativen mit Hilfe des P_1-Protokolls 60
C. Spezialfall: Alle Entscheidungsträger haben dieselbe vollständige Präferenzrelation 61
D. Indifferenzen 63

Sechstes Kapitel
Eine Verbesserung der Delphi-Methode 65

A. Anmerkungen zur Nutzwertanalyse 65
B. Delphi-Runden 66
C. Ordinale Delphi-Runden 67
D. Beispiel 69
    I. Kardinale und ordinale Delphi-Runden 69
    II. Korrelationen KNS- und Delphi-Gewichtung 70
    III. Ergebnisse 71
E. Bewertung durch automatisierte Abstimmung 72

Siebtes Kapitel
Empirischer Anhang 75

A. Verzeichnis der Nutzungsarten und Indizes 75
B. Ergebnisse für das Institut für Raumplanung 80
C. Ergebnisse für die Gesamtrunde 96

Achtes Kapitel
Mathematischer Anhang 113

A. Präordnungsrelationen 113
B. Indifferenz und Präferenz 115
C. Vollständige (totale) Ordnungsrelationen 116
D. Darstellung von Teilmengen in der Programmiersprache FORTRAN IV 117
E. Erzeugung aller Ordnungsrelationen über einer endlichen Menge 119
F. Endliche Topologien 121
G. Rekursionsformel für lineare Präordnungsrelationen über einer endlichen Menge 122
H. Das Hauptprogramm PERM 123
I. Charakteristische Funktion einer Relation 125
J. P_1-Protokoll und charakteristische Funktionen 126
K. Hamming-Distanz zwischen charakteristischen Funktionen 126
L. Transitive Mehrheitsentscheidung als optimaler Kompromiß 127
M. Ein Programm für Mehrheitsentscheidungen 129
N. Maximierung der Zustimmung und Minimierung der (Summe der) Hamming-Distanzen 131
O. Wert-Determinante (eines P_1-Protokolls) 132
P. Das Programm WERTE1 133
Q. Das Hauptprogramm WERTE2 134
R. Das Programm WERTE3 135
S. Rechenzeiten 136
   I. Rechenzeit für das Programm WERTE1 136
   II. Rechenzeit für das Programm WERTE2 137
   III. Rechenzeit für das Programm WERTE3 138
T. Ein Programm zur Berechnung der kollektiven Nutzenskala 138
U. Das Hauptprogramm KNSDELPHI 140
V. Stimmzahlen für Alternativen 142

W. Dynamische Optimierung 143
X. Stimmenzuwachs und Zustimmung zum Kompromißangebot 145
Y. Graphentheoretische Darstellung des Kompromißbildungsverfahrens 146
Z. Transitive Hülle einer Vergleichsrelation 146

Kurzfassungen in deutscher, englischer, französischer und russischer Sprache 149
Literaturverzeichnis 153
Namenverzeichnis 156
Sachverzeichnis 158
Programmverzeichnis 160

Verzeichnis der Abbildungen und Tabellen

Abbildung 1	19
Abbildung 2	20
Abbildung 3	21
Abbildung 4	29
Abbildung 5	33
Tabelle 1	45
Tabelle 2	121
Tabelle 3	122
Tabelle 4	127
Tabelle 5	137

Symbolverzeichnis

$a \rightarrow b$	a ist besser als b (Vergleichsrelation)
$a > b$	a ist besser als b (Präferenzrelation)
$\neg p$	nicht p (Negation)
$p \wedge q$	p und q (Konjunktion)
$p \vee q$	p oder q (nicht ausschließendes Oder)
$p \rightarrow q$	wenn p, dann q (Implikation)
$p \leftrightarrow q$	p genau dann, wenn q (Äquivalenz)
$A \cup B$	A vereinigt mit B (Vereinigung von Mengen)
$A \cap B$	A geschnitten mit B (Durchschnitt von Mengen)
(a,b)	geordnetes Paar aus a und b
$A \times B$	A kartesisch multipliziert mit B
$\emptyset$	leere Menge
$A \subset B$	A ist Teilmenge von B (Inklusion)
$a \in A$	a ist Element der Menge A
$a \notin A$	a ist nicht Element der Menge A
$\{x \mid p\}$	die Menge der x mit der Eigenschaft p
$\{a,b,c\}$	die Menge bestehend aus dem Elementen a, b, c
$f: A \rightarrow B$	f ist eine Abbildung von A nach B
$(\exists x) \ldots$	es gibt ein x mit … (Existenzquantor)
$(\forall x) \ldots$	für alle x gilt … (Allquantor)
$a \sim b$	a und b sind indifferent (Indifferenzrelation)
$[x]$	die Äquivalenzklasse zu x
$A - B$	A ohne B (Differenz von Mengen)

Erstes Kapitel

Präferenzrelationen

In der Entscheidungstheorie haben sich drei Ansätze entwickelt, die durch die Verwendung folgender Begriffe charakterisiert sind:
- Kriterien (aus Zielen, Zielbäumen oder Zielhierarchien abgeleitet)
- Relationen (Präferenz, Indifferenz, Präordnung usw.[1])
- Auswahlfunktionen (choice functions)

Der Kriterien-Ansatz ist in der raumplanerischen Praxis weit verbreitet als Nutzwertanalyse.[2] Der Relationen-Ansatz wird in diesem Kapitel näher betrachtet. Auswahlfunktionen werden im dritten Kapitel genauer untersucht.

A. Alternativen

Ein alltägliches Problem in der Planungspraxis ist die Entscheidung, welches der Projekte $P_1, P_2, \ldots, P_m$ zuerst durchgeführt werden soll. Eine Gemeinde hat etwa das Problem, Flächen für Kinderspielplätze auszuweisen.

Alternative 1: Eine Fläche unmittelbar neben einer Autobahn wird zur Verfügung gestellt.
Alternative 2: Ein Platz, der vom Kreisverkehr umströmt ist, wird angegeben.
Alternative 3: Ein Schulhof soll als Kinderspielplatz genutzt werden.

Wenn ein Gremium eine Rangfolge für diese Alternativen festlegen soll, handelt es sich schon um eine Gruppenentscheidung. Eine Alternativenmenge ist für die mathematische Analyse eine beliebige nicht-leere Menge. Alternativen sind als abstrakte Begriffe zu verstehen. Bei konkreten Anwendungen können z.B. die Ziele bei einer Nutzwertanalyse als Alternativen betrachtet werden. Beim Festlegen einer Alternativenmenge braucht man keine methodischen Bedenken zu haben. Abhängigkeiten und Widersprüche zwischen Zielen sind nur beim Kriterien-Ansatz problematisch.

[1] Vgl. hierzu: Dean T. Jamison und Lawrence J. Lau, Semiorders and the Theory of Choice, in: Econometrica, Band 41, 1973, S. 901–912.

[2] Christof Zangemeister, Nutzwertanalyse in der Systemtechnik, Eine Methode zur multidimensionalen Bewertung und Auswahl von Projektalternativen, München 1970.

B. Ziele und Kriterien

Nachdem die Alternativenmenge definiert ist, liegt es nahe, Relationen (z.B. Präferenzrelationen) auf dieser Menge zu untersuchen. Unter Raumplanern gibt es eine Tradition, dazu zunächst ein Zielsystem aufzustellen.[3] Zangemeister schreibt:
»Die Menge der zur Auswahl stehenden Alternativen ist ... im Hinblick auf die relevanten *Ziele* und die diesbezüglichen *Präferenzen* des Entscheidungsträgers optimal zu *ordnen.*«[4]
Es ist nun gerade *der* Unterschied zwischen dem Kriterien-Ansatz und dem Relationen-Ansatz, daß der erste Ziele verwendet und der zweite nicht. Für eine Präferenzrelation braucht man kein Oberziel, keinen Zielbaum und keine Zielkriterien.
Der Kriterien-Ansatz verwendet einen r-dimensionalen Raum, dessen Achsen zu den einzelnen Kriterien gehören. Jeder Alternative wird ein Punkt in diesem Raum zugeordnet. Beim Relationen-Ansatz wird kein Kriterien-Raum eingeführt, sondern die Alternativen werden paarweise verglichen.
Das Oberziel, der Zielbaum und die Zielkriterien verursachen methodische Schwierigkeiten, die man sich durchaus ersparen kann.[5] Diese Problematik kann auch aus dem Kriterien-Ansatz herausgelassen werden. Für Entscheidungen bei mehrfacher Zielsetzung (Multiple Criteria Decision Making)[6,7,8] ist die Frage zu klären, wie aus den r Kriterien eine einzige Skala konstruiert werden kann. Woher die Kriterien kommen, ist eine interessante Frage – nur kann man diese Frage durchaus von der Methode trennen.
Manche Raumplaner begründen die Notwendigkeit der Kriterien mit der Komplexität der Planungsalternativen (etwa verschiedene Trassen für eine geplante Autobahn). Nur bezüglich der Kriterien könne man Präferenzen angeben. Das ist übertrieben. Kriterien sind mögliche Hilfsmittel zur Definition von Präferenzrelationen, aber keineswegs unerläßlich. Jeder Einwohner der

---

3 Etwa: Reinhard Klein, Nutzenbewertung in der Raumplanung, Basel und Stuttgart 1978.
4 Christof Zangemeister, a.a.O., Definition (3), S. 35.
5 Paul Velsinger, Entscheidungen ohne explizit formulierte Ziele bei unvollkommener Information, Untersuchung unter besonderer Berücksichtigung der Problematik der regionalpolitischen Entscheidung, Opladen 1971.
6 Martin K. Starr und Milan Zeleny (Hrsg.), Multiple Criteria Decision Making, in: TIMS Studies in the Management Sciences, Band 6, 1977.
7 Ching-Lai Hwang und Abu Syed Md. Masud, Multiple Objective Decision Making – Methods and Applications, Berlin, Heidelberg, New York 1979.
8 Ching-Lai Hwang und Kwangsun Yoon, Multiple Attribute Decision Making. Methods and Applications. A State-of-the-Art Survey. Berlin, Heidelberg, New York 1981.

Bundesrepublik Deutschland ist in der Lage, Parteien mit sehr komplexen Parteiprogrammen in eine Rangordnung zu bringen. Selbst Tiere können paarweise Vergleiche etwa für verschiedene Futterarten durchführen, ohne Kriterien (Wohlgeschmack, optischer Eindruck usw.) aufstellen zu müssen. Die inhaltliche Problematik verschwindet natürlich nicht beim Übergang vom Kriterien-Ansatz zum Relationen-Ansatz. Bei Gruppenentscheidungen sind die Ziele in den Entscheidungsträgern enthalten. Das muß auch so sein, wenn man die Betroffenen an der Planung beteiligen will.

C. Paarweise Vergleiche

Nachdem die Alternativenmenge festgestellt ist und ein Gremium einberufen wurde, das eine kollektive Präferenzrelation festlegen soll, stellt sich die Frage, ob die Entscheidungsträger die Definition einer Präferenzrelation kennen müssen. Wenn in der Fußball-Bundesliga Bayern München gegen Werder Bremen spielt und siegt, dann muß das beim Rückspiel nicht bedeuten, daß Werder Bremen verlieren wird. Werder Bremen kann durchaus gewinnen. Es kann sich auch eine Indifferenz (unentschiedenes Spiel) ergeben oder das Spiel kann wegen schlechter Witterungsverhältnisse ausfallen.

Es steht eigentlich nur fest, daß ein Fußballverein nicht gegen sich selbst spielen kann. Eine »Fußballspielrelation« ist also antireflexiv. Weitere Eigenschaften muß diese Relation nicht haben. Niemand wird Transitivität erwarten.

Für die Rangfolge in der Bundesliga braucht man selbstverständlich eine transitive und antisymmetrische Relation. Auch das Gremium muß eine vernünftige Relation als kollektive Präferenzrelation angeben. Aber die Entscheidungsträger müssen darauf keine Rücksicht nehmen (ebensowenig wie die Fußballvereine).

Die Freiheit der Entscheidungsträger wird in diesem Abschnitt etwas eingeengt. Indifferenzen werden zunächst verboten (vgl. dazu Abschnitt D im fünften Kapitel). Fußballvereine werden durch Verlängerung des Spiels oder durch Elfmeterschießen oder durch Losentscheid zur Entscheidung gezwungen. Ein Tier, das zwischen zwei Futterarten schwankt, kann man »interpretieren«.

Ferner wird verboten, daß die Alternative a besser als die Alternative b eingeschätzt wird und zusätzlich b besser als a. Das kann auch bei rationalen Entscheidungsträgern auftreten, wenn die Alternativen fast indifferent sind und der Entscheidungsträger wegen der großen Alternativenzahl vergessen hat, daß er früher schon a besser als b eingestuft hatte.

Wie kann man diese Antisymmetrie erreichen? Sollte man den Entscheidungsträgern nur die Alternativenpaare (a_i, a_j) mit $i < j$ vorlegen und für die umgekehrte Kombination den Vergleich logisch ableiten? Das ist nicht möglich, denn es kann unvergleichbare Alternativen geben (beispielsweise wenn ein Fußballspiel ausfällt). Die Antwort wird im Abschnitt F gegeben.

Wir definieren nun eine Vergleichsrelation als eine antisymmetrische Relation, also eine Relation R, für die niemals gleichzeitig $x\,R\,y$ und $y\,R\,x$ gilt.

Aus der Definition ergibt sich, daß eine Vergleichsrelation auch antireflexiv ist, d.h. daß niemals $x\,R\,x$ gilt (Beweis: man setze $x = y$ in der Bedingung für die Antisymmetrie).

Die Transitivität haben wir bisher nicht vorausgesetzt. Eine Vergleichsrelation soll eine verallgemeinerte Präferenzrelation sein, für die die Transitivität nicht gefordert ist.

Als Bezeichnung für eine Vergleichsrelation verwenden wir einen Pfeil (→). Eine Vergleichsrelation heißt vollständig, wenn für $x \neq y$ stets gilt x→y oder y→x.

Vergleichsrelationen müssen nicht vollständig sein: ein Fußballspiel darf also ausfallen, ein Entscheidungsträger kann erkranken usw. (Indifferenzen werden im Abschnitt D im fünften Kapitel behandelt).

Ein allgemein üblicher Name für Vergleichsrelationen hat sich leider noch nicht eingebürgert. Vergleichsrelationen sind genau diejenigen Relationen, die durch einen schlichten gerichteten Graphen dargestellt werden können (vgl. dazu den Abschnitt D). Wenn die Vergleichsrelation vollständig ist, dann hat der zugehörige Graph einen allgemein üblichen Namen: der Graph ist dann ein Turnier.[9] In einem Fußball-Turnier im graphentheoretischen Sinne dürfen die Mannschaften nie unentschieden spielen, es dürfen keine Rückspiele stattfinden, aber jede Mannschaft muß einmal mit jeder anderen Mannschaft gespielt haben (es darf also kein Spiel ausfallen – mit Ausnahme der Rückspiele).

D. Darstellung durch Graphen

Zeichnet man sich die endlich vielen Alternativen in irgendeiner Form als Punktmenge auf eine Ebene, so kann man sich eine Vergleichsrelation in folgender Form als Graphen darstellen: Je zwei Punkte, die verglichen worden sind, werden mit einem Pfeil verbunden, wobei der Pfeil von der besseren Alternative ausgeht und bei der schlechteren Alternative endet. Die Alternativen

---

[9] J.W. Moon, Topics on Tournaments, New York 1968.

sind also die Ecken des Graphen und jeder paarweise Vergleich liefert einen Pfeil des Graphen.
(Es handelt sich um einen schlichten gerichteten Graphen.[10] Diese Graphen kann man definieren durch die Menge der Ecken und durch eine antisymmetrische Relation auf dieser Menge. Der Einfachheit halber nennen wir in diesem Abschnitt die schlichten gerichteten Graphen kurz Graphen. Allgemeinere Graphen werden im Abschnitt D im fünften Kapitel betrachtet.)

Beispiel:[11]

Wir betrachten fünf Alternativen a, b, c, d, e. Ein Entscheidungsträger führt folgende paarweisen Vergleiche durch

a→c, a→e, b→a, b→c, c→d, c→e, d→a, d→b, d→e, e→b .

Dann läßt sich seine Vergleichsrelation durch den Graphen in Abbildung 1 darstellen:

Abb. 1

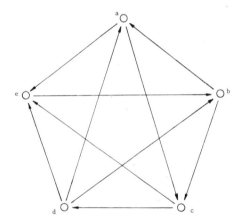

Da die Vergleichsrelation vollständig ist, handelt es sich bei dem Graphen um ein Turnier.

---

10 Nach: Klaus Wagner, Graphentheorie, Mannheim 1970.
11 Nach: Alain Guénoche, Un algorithme pour pallier l'effet Condorcet, in: Revue française d'automatique, informatique et recherche opérationelle, Ser. recherche opérationelle, Band 11, 1977, S. 80.

E. Transitivität

Wann ist eine Vergleichsrelation eine Präferenzrelation? Es ist allgemein üblich, die Transitivität als eine rationale Forderung für eine Präferenzrelation anzusehen. Wenn ein rationaler Entscheidungsträger die Alternative a besser findet als die Alternative b und die Alternative b besser findet als die Alternative c, dann sollte er auch die Alternative a besser finden als die Alternative c. Für Präferenzrelationen verwenden wir das Symbol $>$. Die Forderung der Transitivität lautet dann

$$a > b \land b > c \Rightarrow a > c .$$

Wir definieren also eine Präferenzrelation als eine transitive Vergleichsrelation. Eine Präferenzrelation hat folglich folgende drei Eigenschaften: Antireflexivität, Antisymmetrie und Transitivität. Die Antireflexivität ergibt sich schon aus der Antisymmetrie. Die Antisymmetrie ergibt sich aber auch aus der Antireflexivität, weil eine Präferenzrelation transitiv ist. (Beweis: aus $a > b$ und $b > a$ ergäbe sich $a > a$.)

Man kann also eine Präferenzrelation definieren als eine antireflexive und transitive Relation.

Präferenzrelationen müssen nicht vollständig sein, z.B. stellen die Graphen in Abb. 2 und Abb. 3 unvollständige Präferenzrelationen auf der Alternativenmenge $\{a, b, c, d\}$ dar.

Vollständige Präferenzrelationen haben einen technischen Vorteil: sie lassen sich graphisch durch Punkte auf einer Linie darstellen (deshalb auch die Bezeichnung »lineare Präferenzrelation« für eine vollständige Präferenzrelation).

Bei empirischen Erhebungen ist das bedeutsam: paarweise Vergleiche sind oftmals mühsam zu erheben, die Ermittlung von Rangfolgen ist einfacher.

Abb. 2

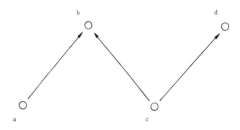

Abb. 3

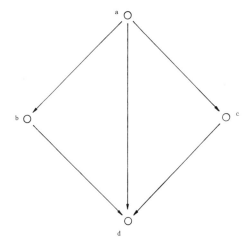

F. Abstimmungen

Wir betrachten eine Alternativenmenge A mit den Elementen $a_1, a_2, \ldots, a_m$. Ein Gremium aus n Entscheidungsträgern soll eine kollektive Präferenzrelation zwischen den Elementen von A festlegen. Jeder Entscheidungsträger besitze eine individuelle Vergleichsrelation. Mehr Rationalität wird von den Entscheidungsträgern nicht verlangt – ihre Vergleichsrelationen dürfen intransitiv sein. Für die Kompromißbildungsverfahren, die im folgenden diskutiert werden, braucht man nicht die volle Information über alle individuellen Vergleichsrelationen. Es genügen bestimmte Abstimmungsergebnisse.
Ein naheliegendes Verfahren ist die Abstimmung über alle paarweisen Vergleiche

$$a_i \to a_j \quad (i=1,\ldots,m; \ j=1,\ldots,m; \ i \neq j).$$

Es wird jeweils ein Antrag $a_i \to a_j$ zur Abstimmung gestellt. In einer Abstimmungsmatrix wird an der Stelle (i, j) notiert, wieviele Entscheidungsträger für diesen Antrag stimmen. Da es vorkommen kann, daß ein Entscheidungsträger versehentlich für beide Anträge $a_i \to a_j$ und $a_j \to a_i$ seine Stimme abgibt (vgl. die Anmerkungen über Fußballspiele im Abschnitt C), empfiehlt sich folgendes Verfahren:

Es wird nur über die Anträge

$a_i \to a_j$ mit $i < j$

abgestimmt und zwar in der üblichen Form: Wer ist für den Antrag? Wer ist dagegen? Wer enthält sich der Stimme?
Bei dieser Abstimmung wird nicht etwa eine dreiwertige Logik (ja, nein, Enthaltung) verwendet. Bei der »dreiwertigen« Abstimmung über den Antrag x→y wird eigentlich über zwei Anträge »zweiwertig« (ja, nein) abgestimmt:
(1) Sind Sie für den Antrag x→y?
(2) Sind Sie für den Antrag y→x?
Eine Ja-Stimme für (1) und eine Nein-Stimme für (2) entspricht einer Ja-Stimme bei der dreiwertigen Abstimmung.
Entsprechend bedeutet eine Nein-Stimme für (1) und eine Ja-Stimme für (2) eine Nein-Stimme bei der dreiwertigen Abstimmung.
Eine Nein-Stimme für beide Anträge bedeutet eine Stimmenthaltung bei der dreiwertigen Abstimmung. Eine Ja-Stimme für beide Anträge sollte gerade verhindert werden und kann bei der dreiwertigen Abstimmung nicht vorkommen (außer als ungültige Stimme). Mit dem Abstimmungsverfahren werden die Entscheidungsträger also zu rationalem Verhalten gezwungen (bis auf die Transitivität) und die Anzahl der Abstimmungen sinkt von $m(m-1)$ auf $\binom{m}{2}$.
Da die Abstimmungsmatrix (a_{ij}), die an der Stelle (i, j) die Anzahl der Stimmen für den Antrag $a_i \to a_j$ verzeichnet, sehr viel Ähnlichkeit mit dem P_1-Protokoll nach Rödding[12] hat (dort sind die Zeilen und Spalten vertauscht und die Matrix enthält prozentuale Werte), soll die Abstimmungsmatrix auch P_1-Protokoll genannt werden.
Beispiel:[13]
Die Alternativenmenge bestehe aus fünf Elementen a, b, c, d, e. Das Gremium bestehe aus 13 Entscheidungsträgern mit folgenden individuellen Präferenzen

(1) b > c > d > e > a   (8) c > d > a > e > b
(2) d > e > b > a > c   (9) e > b > a > c > d
(3) d > a > c > e > b   (10) b > c > d > a > e
(4) c > d > e > b > a   (11) a > c > d > e > b
(5) a > b > c > d > e   (12) d > a > c > e > b
(6) d > e > b > c > a   (13) e > a > d > c > b
(7) b > d > a > c > e

12 Walburga Rödding, Aggregation of Individual Preferences – an Algorithm for Constructing Compromises, Göttingen 1975.
13 Nach: Alain Guénoche, a.a.O., S. 80.

Dann ergibt sich folgendes P_1-Protokoll

$$(a_{ij}) = \begin{pmatrix} 0 & 6 & 8 & 4 & 7 \\ 7 & 0 & 7 & 5 & 4 \\ 5 & 6 & 0 & 7 & 9 \\ 9 & 8 & 6 & 0 & 11 \\ 6 & 9 & 4 & 2 & 0 \end{pmatrix}$$

Aus dieser Matrix lassen sich die individuellen Vergleichsrelationen nicht rekonstruieren (auch wenn die Entscheidungsträger so vorbildlich rational sind wie in diesem Beispiel). Als P_0-Protokoll definieren wir die folgende Matrix (e_{ij}):

$$e_{ij} = \begin{cases} 1, & \text{falls } a_{ij} > a_{ji} \\ 0, & \text{sonst.} \end{cases}$$

Das P_0-Protokoll enthält noch weniger Information als das P_1-Protokoll. Aus $e_{ij} = 1$ kann man nur schließen, daß der Antrag $a_i \to a_j$ im Gremium mit Mehrheit angenommen wurde.

Durch das P_0-Protokoll wird eine Vergleichsrelation auf der Alternativenmenge definiert (Antireflexivität und Antisymmetrie folgen unmittelbar aus der Definition):

$$a_i \to a_j \Leftrightarrow e_{ij} = 1.$$

Diese Vergleichsrelation kann man durch einen Graphen veranschaulichen. Im Beispiel ergibt sich der Graph aus Abschnitt D.

Übrigens kann es auch sinnvoll sein, Gruppenentscheidungen bei *einer* Person durchzuführen: wenn der Entscheidungsträger eine Vergleichsrelation angibt, die nicht transitiv ist, liegt durchaus ein Problem vor. Die »kollektive« Präferenzrelation muß transitiv sein. Es wird sich herausstellen, daß optimale »kollektive« Präferenzrelationen in diesem Fall übereinstimmen mit den »nearest adjoining orders« im Sinne von Slater.[14] (vgl. dazu den Abschnitt E im 2. Kapitel).

---

[14] Patrick Slater, Inconsistencies in a Schedule of Paired Comparisons, in: Biometrika, Band 48, 1961, S. 303–312.

G. Optimale kollektive Präferenzrelationen

Bei dem Beispiel im Abschnitt F ergab sich eine kollektive Vergleichsrelation durch das P_0-Protokoll. Leider ist diese Vergleichsrelation nicht transitiv, es gilt z.B.

b → c → d → e → b

(Vgl. den Graphen in Abschnitt D)
Die Theorie der Gruppenentscheidungen wäre sehr einfach, wenn die Mehrheitsentscheidung immer ein transitives Ergebnis liefern würde. Es ist schon lange bekannt, daß das nicht so ist: das Abstimmungsparadoxon (der Condorcet-Effekt) wurde schon 1785 entdeckt.[15]

Arrow hat das Abstimmungsparadoxon verallgemeinert zu einem Satz, der aussagt, daß es kein Verfahren zur Aggregation von Präferenzen geben kann, wenn bestimmte plausibel klingende Axiome für Gruppenentscheidungen erfüllt sind.[16]

Seither gibt es viele Veröffentlichungen zu diesem Thema,[17] aber nicht viele, die konkrete Verfahren zur Aggregation von Präferenzen angeben.[18,19,20]

Solche Verfahren sind durchaus möglich, wenn die Arrow'schen Axiome zum Teil verletzt werden, etwa das Axiom »independence of irrelevant alternatives« (vgl. dazu das 3. Kapitel, Abschnitt H).

Zunächst ist zu klären, wann eine Präferenzrelation die Entscheidungsträger möglichst zufriedenstellt. Gesucht ist also ein Optimalitätskriterium. Dann kann man nach optimalen Lösungen suchen. Man kann nicht erwarten, daß es eine eindeutig bestimmte optimale Lösung gibt.

Bei dem in dieser Arbeit vorgeschlagenen Verfahren vergeben die Entscheidungsträger für jede Präferenzrelation eine Punktzahl. Die Summe aller Punktzahlen der Entscheidungsträger ist zu maximieren.

Wir stellen uns die individuellen Vergleichsrelationen als Graphen vor, ebenso sei die zu bewertende kollektive Präferenzrelation als Graph dargestellt. Für jeden

---

15 Marquis de Condorcet, Essai sur l'application de l'analyse à la probabilité des décisions rendues à la pluralité des voix, Paris 1785.
16 Kenneth J. Arrow, Social Choice and Individual Values, New York 1951.
17 Amartya Sen, Social Choice Theory: a Re-examination, in: Econometrica, Band 45, 1977, S. 53–89.
18 Jean-Marie Blin, Patterns and Configurations in Economic Science, Dordrecht und Boston 1973.
19 Walburga Rödding, a.a.O.
20 Jean Pierre Barthélemy und Bernard Monjardet, The Median Procedure in Cluster Analysis and Social Choice Theory, in: Mathematical Social Sciences, Band 1, 1981, S. 235–267.

Pfeil, den ein Entscheidungsträger in seinem individuellen Graphen und zugleich in dem kollektiven Graphen vorfindet, vergibt er einen Punkt. Dieser Optimalitätsbegriff wird im 2. Kapitel weiter formalisiert. Dort wird sich auch herausstellen, daß man zur Konstruktion optimaler kollektiver Präferenzrelationen nur das P_1-Protokoll zu kennen braucht.

Zweites Kapitel

Optimalitätskriterien

A. Formalisierung des Optimalitätskriteriums

Gegeben seien n individuelle Vergleichsrelationen über der Alternativenmenge $A = \{a_1, a_2, \ldots, a_m\}$. Mathematisch kann man diese Relationen darstellen durch charakteristische Funktionen x_k ($k = 1, 2, \ldots, n$), deren Argumente geordnete Paare (a_i, a_j) sind und deren Werte 0 oder 1 sind gemäß

$$x_k(a_i, a_j) = \begin{cases} 1, & \text{falls } a_i \to a_j \quad \text{für die k-te individuelle Vergleichs-} \\ 0, & \text{sonst.} \end{cases} \text{relation}$$

Statt der charakteristischen Funktionen könnte man auch mxm-Matrizen X_k mit Elementen

$$x_{ij}^{(k)} \in \{0, 1\}$$

betrachten, indem man festsetzt

$$x_{ij}^{(k)} = x_k(a_i, a_j).$$

Diese Matrizen sind übrigens die Adjazenzmatrizen der zugehörigen Graphen. Eine kollektive Präferenzrelation sei entsprechend gegeben durch eine charakteristische Funktion x, deren Argumente geordnete Paare (a_i, a_j) sind und deren Werte 0 oder 1 sind gemäß

$$x(a_i, a_j) = \begin{cases} 1, & \text{falls } a_i > a_j \quad \text{für die kollektive Präferenzrelation} \\ 0, & \text{sonst.} \end{cases}$$

Analog wie oben könnte man eine mxm-Matrix X mit Elementen

$$x_{ij} \in \{0, 1\}$$

definieren:

$$x_{ij} = x(a_i, a_j).$$

Diese Matrix ist übrigens die Adjazenzmatrix des Graphen, der zur kollektiven Präferenzrelation gehört. (Vgl. dazu den math. Anhang, Abschnitte I und J)

Eine optimale kollektive Präferenzrelation werde mit x^* (als charakteristische Funktion) bzw. X^* (als mxm-Matrix) bezeichnet.
Nach Abschnitt G im ersten Kapitel vergibt jeder Entscheidungsträger einen Punkt für jeden Pfeil, der zugleich in seinem individuellen Vergleichs-Graphen und in dem kollektiven Präferenz-Graphen vorkommt. Der Ausdruck

$$x(a_i, a_j) \cdot x_k(a_i, a_j)$$

ist nun genau dann gleich 1, wenn ein gemeinsamer Pfeil vorhanden ist und gleich 0 sonst. Insgesamt erhält die Präferenzrelation

$$\sum_{k=1}^{n} \sum_{i=1}^{m} \sum_{j=1}^{m} x(a_i, a_j) \cdot x_k(a_i, a_j)$$

Punkte.
Beachtet man, daß

$$\sum_{k=1}^{n} x_k(a_i, a_j)$$

gerade den Wert im P_1-Protokoll an der Stelle (i, j) angibt (Stimmen für $a_i \to a_j$), so läßt sich die Punktzahl schreiben als

$$\sum_{i=1}^{m} \sum_{j=1}^{m} x(a_i, a_j) \cdot P_1(a_i, a_j) \, ,$$

wobei zur Abkürzung gesetzt wurde $P_1(a_i, a_j) =$ Anzahl der Stimmen für $a_i \to a_j$.
An dieser Darstellung sieht man deutlich, daß als Information für die Optimierung nur das P_1-Protokoll gebraucht wird. Man muß also nicht die individuellen Vergleichsrelationen einzeln kennen.

B. Einschränkung auf vollständige Präferenzrelationen

Bei der Suche nach einer optimalen kollektiven Präferenzrelation kann man sich auf vollständige Präferenzrelationen beschränken.
Jede Präferenzrelation läßt sich erweitern zu einer vollständigen Präferenzrelation. Dies ergibt sich unmittelbar aus dem Satz von Szpilrajn[1] (der Satz gilt auch für unendliche Mengen – hier wird er nur für endliche Mengen angewandt).

---

[1] Edward Szpilrajn, Sur l'extension de l'ordre partiel, in: Fundamenta Mathematicae, Band 16, 1930, S. 386–389.

»Erweitern« heißt hier: zu der vorgegebenen Präferenzrelation (als Menge von geordneten Paaren) können geordnete Paare hinzugefügt werden, so daß eine vollständige Präferenzrelation entsteht. Bei der Darstellung durch Graphen entsprechen den geordneten Paaren die Pfeile im Graphen.
Als Beispiel betrachte man die Präferenzrelationen in Abb. 2 und Abb. 3. Beide lassen sich vervollständigen zu der Präferenzrelation in Abb. 4

Abb. 4

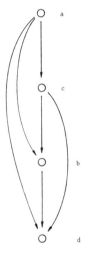

Für die Punktbewertung durch die Entscheidungsträger kann die Einschränkung auf vollständige Präferenzen kein Nachteil sein: Die Punktbewertung kann durch die Erweiterung der Präferenzrelation nicht schlechter werden.

C. Widerspruchsfreie Mehrheitsentscheidungen

Abstimmung über die Rangfolge von Alternativen kann bekanntlich zum Abstimmungsparadoxon führen (Condorcet-Effekt). Nehmen wir an, das Abstimmungsergebnis sei *nicht* paradox, d.h. die sich ergebende Vergleichsrelation bei Mehrheitsentscheidung sei transitiv. Ist die sich ergebende Präferenzrelation optimal im Sinne des Optimalitätskriteriums aus Abschnitt G des ersten Kapitels? Man kann zeigen, daß dies tatsächlich der Fall ist (siehe math. Anhang,

Abschnitt L). Dies ist ein Argument für die Vernünftigkeit des Optimalitätsbegriffs.

Der im math. Anhang bewiesene Sachverhalt ist in der Literatur mehrfach entdeckt worden,[2] wobei das Optimalitätskriterium manchmal anders formuliert ist (vgl. dazu Abschnitt D).

Diese Entdeckungen sind aber noch nicht sehr verbreitet. Es gibt eine umfangreiche Literatur zu der Frage, welche Voraussetzungen erfüllt sein müssen, damit das Ergebnis bei der Mehrheitsentscheidung eine transitive Präferenzrelation ist. Erwähnt seien nur die »eingipfligen (single-peaked)« Präferenzrelationen.[3] Das hier vorgeschlagene Verfahren wurde im 6. Kapitel in jedem Falle angewandt. Sollte schon die Mehrheitsentscheidung zu demselben Ergebnis führen, so ist das kein Einwand gegen das Verfahren – denn woher sollte man das vorher wissen (ohne eine komplizierte Theorie)?

In den Computer-Programmen kann man ohne weiteres zunächst die Mehrheitsentscheidung durchführen lassen und auf Transitivität prüfen. Sollte sich schon eine transitive Relation ergeben, so braucht der optimale Kompromiß nicht mehr gesucht zu werden. Im math. Anhang, Abschnitt M, wird das Hauptprogramm ABSTIMMUNG angegeben.

Bei diesen Überlegungen wurde vorausgesetzt, daß bei der Abstimmung keine Indifferenzen auftreten (sonst müßte mit einem zusätzlichen Verfahren eine Entscheidung herbeigeführt werden).

D. Minimierung von Distanzen

Beim bisherigen Optimalitätskriterium wird die Zustimmung maximiert. Man kann sich fragen, ob man stattdessen die Ablehnung minimieren kann. Dazu ist zu klären, wie man die Ablehnung mißt.

Wir stellen uns wieder die individuellen Vergleichsrelationen als Graphen vor und ebenso die zu bewertende kollektive Präferenzrelation. Jetzt vergeben die Entscheidungsträger nur »Minus-Punkte«: Für jeden Pfeil, den ein Entscheidungsträger in seinem individuellen Graphen, aber nicht in dem kollektiven Graphen vorfindet, vergibt er einen Minus-Punkt. Umgekehrt vergibt er auch einen Minuspunkt, wenn in dem kollektiven Graphen ein Pfeil vorkommt, der nicht in seinem individuellen Graphen vorkommt.

---

2 Jean Pierre Barthélemy und Bernard Monjardet, a.a.O., S. 239.
3 Nach: Duncan Black, On the Rationale of Group Decision Making, Journal of Political Economy, Band LVI, 1948, S. 23–34.

Für die zugehörigen Relationen bedeutet das: es wird die symmetrische Differenz gebildet und die Anzahl der Elemente festgestellt. Die Summe der Minuspunkte soll minimal werden (vgl. math. Anhang, Abschnitt K). Die beiden Optimalitätsbegriffe klingen zwar äquivalent, sind es aber nicht ohne weiteres. Wenn die optimale kollektive Präferenzrelation als vollständig vorausgesetzt wird, kann man zeigen, daß die beiden Optimalitätskriterien äquivalent sind (Beweise siehe math. Anhang, Abschnitt N).

Der Unterschied zeigt sich an den Überlegungen im Abschnitt B: wenn man eine unvollständige Präferenzrelation zu einer vollständigen erweitert, so wird der Grad der Zustimmung nicht kleiner – der Grad der Ablehnung kann jedoch größer werden.

Auch in der Frage der Information unterscheiden sich die Ansätze: bei der Minimierung der Ablehnung ist nicht ersichtlich, daß auf die Kenntnis der individuellen Vergleichsrelation verzichtet werden kann.

Die optimalen Präferenzrelationen im Sinne von Abschnitt G im ersten Kapitel nennen wir P_1-optimal.

Die optimalen Präferenzrelationen im Sinne der Minimierung der Summe der symmetrischen Differenzen nennen wir D-optimal. Die D-optimalen Präferenzrelationen stimmen überein mit den Median-Relationen im Sinne von Barthélemy und Monjardet[4] bzw. von Kemeny.[5]

E. Kompromißbildung bei unvollkommener Information

Schon im Abschnitt F des ersten Kapitels haben wir erwähnt, daß der Spezialfall $n = 1$ sinnvoll sein kann. Die Problematik ist zwar nicht beim Thema »Gruppenentscheidungen« aufgetreten, aber bei der Konstruktion einer Rangordnung aus paarweisen Vergleichen.[6] Der Spezialfall ist interessant, weil zu dieser Optimierungsaufgabe schon 1966 ein Lösungsalgorithmus[7] angegeben wurde, der die Methode der dynamischen Optimierung verwendet (eine kurze Anmerkung zu dem Problem ist schon bei Lawler[8] 1964 zu finden).

---

[4] Jean Pierre Barthélemy und Bernard Monjardet, a.a.O.
[5] John G. Kemeny, Mathematics without Numbers, in: Daedalus, Band 88, 1959, S. 577–591.
[6] Patrick Slater, a.a.O.
[7] Russell Remage und W.A. Thompson, Maximum-likelihood Paired Comparison Rankings, in: Biometrika, Band 53, 1966, S. 143–149.
[8] Eugene L. Lawler, A Comment on Minimum Feedback Arc Sets, in: IEEE Transactions on Circuit Theory, Band 11, 1964, S. 296–297.

Bermond und Kodratoff geben ein heuristisches Verfahren[9] an, weil die Rechenzeit beim exakten Algorithmus mit wachsender Alternativenzahl sehr schnell wächst (vgl. dazu den Abschnitt F im dritten Kapitel). Im Zusammenhang mit der Frage der Information kann auch der Spezialfall n = 1 für (echte) Gruppenentscheidungen wichtig werden. Wenn das P_1-Protokoll bei einer Gruppenentscheidung nicht zur Verfügung steht, sondern nur das P_0-Protokoll, kann man versuchen, aus dem P_0-Protokoll eine kollektive Präferenzrelation zu konstruieren: Man stellt sich vor, das P_0-Protokoll sei die Vergleichsrelation einer Person, die ein Ein-Personen-Gremium bildet.[10] Hier macht sich störend bemerkbar, daß die Indifferenzen bei den bisherigen Überlegungen nicht berücksichtigt werden. Natürlich ist es nicht so, daß eine P_0-optimale Präferenzrelation stets P_1-optimal ist (Gegenbeispiel: siehe Abschnitt E im dritten Kapitel). Es gibt sozusagen eine Hierarchie: Mehrheitsentscheidung, P_0-Kompromiß, P_1-Kompromiß. Die Mehrheitsentscheidung ist leicht zu berechnen, aber nicht immer transitiv, ein P_0-Kompromiß ist zwar transitiv, aber nicht unbedingt P_1-optimal. Die Hierarchie kann man (theoretisch) fortsetzen:

Mehr Information als das P_1-Protokoll enthalten die im folgenden definierten P_k-Protokolle, die höheren Protokollen im Sinne von Rödding[11] entsprechen: Ein P_k-Protokoll ist ein Verzeichnis aller Präferenzrelationen, die zwischen k + 1 Alternativen aus der betrachteten Alternativenmenge denkbar sind, in dem auch jeweils angegeben ist, wieviele Stimmen diese Präferenzrelation als Antrag erhalten würde. Wenn insgesamt m Alternativen betrachtet werden, dann ist die höchste Informationsstufe ein P_{m-1}-Protokoll, in dem zu jeder Präferenzrelation über der Alternativenmenge verzeichnet ist, wieviele Stimmen sie als Kompromißangebot erhalten würde. Diese Information ist noch nicht durch die Kenntnis der individuellen Präferenzrelationen gegeben – vielmehr braucht man dazu auch noch die Kenntnis der Kompromißbereitschaft der einzelnen Entscheidungsträger.

---

9 J.-C. Bermond und Y. Kodratoff, Une heuristique pour le calcul de l'indice de transitivité d'un tournoi, in: Revue française d'automatique, informatique et recherche opérationelle, Ser. informatique théorique, Band 10, 1976, S. 83–92.
10 Jürgen Bartnick, Kompromißbildung bei unvollständiger Information, in: Information in der Wirtschaft, Schriften des Vereins für Socialpolitik, NF., Band 126, 1982, S. 167–170.
11 Walburga Rödding, a.a.O.

F. Präferenzrelationen und numerische Bewertungen

Bei der Kompromißbildung geht es zunächst nur darum, eine Präferenzrelation auf der Menge der Alternativen zu finden, die P_1-optimal ist.

Bei dem hier vorgeschlagenem Verfahren, das eine exakte Lösung liefert, ergibt sich als »Nebenprodukt« eine kardinale Bewertung der Alternativen, die für Anwendungen nützlich ist.

Im Abschnitt B haben wir gesehen, daß eine optimale Präferenzrelation als vollständig (linear) angenommen werden kann. Wenn man dies berücksichtigt, liegt folgender Gedanke nahe: Der gesuchte Kompromiß ordnet die Alternativen vollständig. Es gibt also eine beste Alternative (oder, falls es mehrere optimale Kompromisse gibt, es gibt Alternativen, die als »beste« tauglich sind). In der Praxis gibt es ein sehr einfaches Verfahren, um die beste Alternative (oder die besten Alternativen) zu finden: man befragt das Gremium zu jeder Alternative $a \in A$, wer »für« diese Alternative stimmt.

Die Zustimmung des Gremiums läßt sich zunächst nicht für einzelne Alternativen ermitteln, sondern nur für Vergleichsrelationen. Deshalb formulieren wir um: Welche Zustimmung findet die Vergleichsrelation

" a → b   für alle   b ≠ a " ?

Die Vergleichsrelation kann man durch den Graphen in Abb. 5 verdeutlichen.

Abb. 5

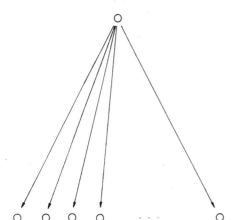

Als Wert der Zielfunktion für die P_1-Optimierung ergibt sich

$$\sum_{b \in A} P_1(a,b) \quad,$$

also die Zeilensumme zu a im P_1-Protokoll.
Die Bewertung der Alternativen durch die Zeilensummen liefert aber nur ein heuristisches Verfahren, das keineswegs immer zum optimalen Kompromiß führen muß.[12]
Um den »Wert« der Alternative a zu messen, genügt es nicht, nur die Zustimmung für den Antrag »a ist die beste Alternative« zu ermitteln. Es ist außerdem zu berücksichtigen, welche Konstellationen bei den übrigen Alternativen noch auftreten können.
Als »Wert« der Alternative a (innerhalb der Alternativenmenge A) definieren wir daher:
Wert (a, A) = maximaler Wert der Zustimmung für alle Kompromißangebote, die a an die erste Stelle setzen.
(Wie schon erwähnt, genügt es, lineare Präferenzrelationen zu betrachten.)
Zu beachten ist, daß der Wert der Alternative auch von der Vergleichsmenge abhängt. Inhaltlich ist es klar, daß der Vergleich mit »guten« höher zu bewerten ist als der Vergleich mit »schlechten« Alternativen. Mathematisch kommt das dadurch zum Ausdruck, daß wir eine Funktion »Wert« mit zwei Argumenten betrachten: ein Element $a \in A$ und eine Teilmenge $X \subset A$. Mit diesem Ansatz ergibt sich folgende Rekursionsgleichung:

$$\text{Wert}(a,X) = \sum_{b \in X} P_1(a,b) + \max_{b \in X-\{a\}} \text{Wert}(b, X-\{a\}) \quad.$$

Inhaltlich sinnvoll sind nur Kombinationen (a, X) mit $a \in X$, formal läßt sich Wert (a,X) auch für $a \notin X$ definieren, etwa als Null.

---

12 Vgl. Abschnitt A im fünften Kapitel.

Drittes Kapitel

Auswahlfunktionen und optimale Präferenzrelationen

A. Ein Beispiel aus der Raumplanung

»Beginnen wir mit einem Beispiel. In drei Gemeinden hat jeweils eine kommunale Planungsinstanz dem Gemeinderat einen Vorschlag darüber zu machen, nach welchen Prioritäten ein im nächsten Jahre verfügbarer Sonderfonds zu verausgaben sei, wobei die Alternativen, für die der Fonds zu nützen sein könnte, vom jeweiligen Gemeinderat bereits vorgegeben sind. (Dieser Fonds kann z.b. ein Teil des erwarteten Budgetspielraums sein, d.h. des erwarteten Überschusses der eigenen Einnahmen, der Einnahmen aus dem Finanzausgleich, der Kreditaufnahmen usw. über die bereits ›gebundenen‹ Ausgaben.) Die Verwendungsalternativen für die Fondsmittel seien in allen drei Gemeinden gleich, zum Beispiel Altbausanierungen, Kindergärten und -spielplätze, Straßenbau, Subventionen für die öffentlichen Verkehrsmittel und Bau von Sportanlagen. Das Resultat sei folgendermaßen: die erste Planungsinstanz stuft die Wichtigkeit aller fünf Alternativen gleich ein; die zweite räumt der Altbausanierung und der Verkehrsmittelsubventionierung Priorität ein, die übrigen Alternativen sollen nur im normalen Budgetrahmen bedient werden; die dritte schließlich sieht sich aus irgendwelchen Gründen nicht in der Lage, einen Vorschlag zu unterbreiten. In allen Fällen wird eine Auswahl unter gegebenen Alternativen getroffen. Bezeichnen wir die Menge der Alternativen mit X, und die fünf genannten Alternativen mit a, b, c, d, e (so daß $X = \{a, b, c, d, e\}$). Den Akt der Auswahl beschreiben wir, indem wir sagen, daß der Menge X genau eine andere Menge, sagen wir: f(X), zugeordnet wird, die die aus X ausgewählten Elemente enthält; wir bezeichnen f(X) als ›Auswahlmenge‹ in X. Im Fall der ersten Planungsinstanz schreiben wir f(X) = X, da der genannte Vorschlag so interpretiert werden kann, daß alle Alternativen in X gewählt werden; für die zweite Planungsinstanz schreiben wir f(X) = {a, d}, wobei a und d für die gewählten Alternativen stehen; und für die dritte schreiben wir $f(X) = \emptyset$, da kein Element von X als gewählt gilt, womit f(X) leer ist.«[1]

---

[1] Alexander van der Bellen, Mathematische Auswahlfunktionen und gesellschaftliche Entscheidungen, Basel und Stuttgart 1976, S. 27–28.

In der vorliegenden Arbeit wird die Alternativenmenge stets mit A bezeichnet. Eine Auswahlfunktion f ordnet jeder Teilmenge X⊂A eine Teilmenge f(X)⊂X zu. Zunächst scheint es sich um einen sehr abstrakten Begriff zu handeln. Es stellt sich jedoch bald heraus, daß sich viele Sachverhalte bei der Verwendung dieser Terminologie klar und präzise darstellen lassen.
Für das vorliegende Kompromißbildungsverfahren ergibt sich die Verwendung einer Auswahlfunktion in naheliegender Weise.
Zu Auswahlfunktionen (choice functions) gibt es zahlreiche Veröffentlichungen.[2,3,4,5,6,7,8]

B. Berechnung optimaler Präferenzrelationen

Wir betrachten wieder die bekannte Entscheidungssituation (etwa wie im Abschnitt A im zweiten Kapitel).
Wenn man für alle Alternativen $a_i \in A$ die Werte

$$w_i = \text{Wert}(a_i, A) \qquad (i=1,2,3,\ldots,m)$$

berechnet hat – wie findet man dann einen optimalen Kompromiß?
Zunächst könnte man meinen, es genüge, die w_i absteigend zu ordnen. Die dann entstehende Rangfolge der a_i stelle eine optimale Präferenzrelation dar.
Das kann so sein, muß aber nicht. Es gibt eine einfache Kontrollmöglichkeit, denn man kennt den optimalen Wert der Zielfunktion

$$w^* = \max\,(w_1, w_2, \ldots, w_m)\ .$$

Für die durch die Rangfolge der w_i gefundene Präferenzrelation (oder *eine* solche Präferenzrelation, falls mehrere Werte w_i übereinstimmen) kann man den Wert

---

2 Charles R. Plott, Path Independence, Rationality, and Social Choice, in: Econometrica, Band 41, 1973, S. 1075–1091.
3 Amartya Sen, Collective Choice and Social Welfare, San Francisco 1970.
4 Derselbe, Choice Functions and Revealed Preferences, in: Review of Economic Studies, Band 38, 1971, S. 307–317.
5 Derselbe, Social Choice Theory: a Re-examination, a.a.O.
6 Peter C. Fishburn, Representable Choice Functions, in: Econometrica, Band 44, 1976, S. 1033–1043.
7 Donald E. Campbell, Realization of Choice Functions, in: Econometrica, Band 46, 1978, S. 171–180.
8 Murat R. Sertel und Alexander van der Bellen, Synopses in the Theory of Choice, in: Econometrica, Band 47, 1979, S. 1367–1389.

der Zielfunktion berechnen (aus dem P_1-Protokoll). Sollte dieser Wert mit w^* übereinstimmen, so ist die Präferenz optimal.

Das Phänomen, daß diese Präferenz nicht optimal zu sein braucht, kann man sich am Beispiel einer Vorstandswahl klarmachen, bei der der 1. und der 2. Vorsitzende zu wählen sind. Im ersten Wahlgang werden die Stimmen für das Amt des 1. Vorsitzenden vergeben. Derjenige Kandidat, der die meisten Stimmen erhält (falls das eindeutig der Fall ist), soll 1. Vorsitzender werden. Was wird aus dem Kandidaten, der die zweitmeisten Stimmen erhalten hat? Er soll nicht automatisch 2. Vorsitzender werden. Vielmehr wird ein neuer Wahlgang für das Amt des 2. Vorsitzenden durchgeführt (wobei der Kandidat, der 1. Vorsitzender geworden ist, ausgeschieden ist).[9]

Für $X \subset A$ sei nun

$$f(X) = \{x \mid x \in X \text{ und } \text{Wert}(x,X) = \max\}.$$

Offensichtlich gilt $f(X) \subset X$ und $f(X) \neq \emptyset$ falls $X \neq \emptyset$.

f sondert die optimalen Elemente aus X aus. Wenn es nur ein optimales Element gibt, dann ist f(X) einelementig.

Im ersten Schritt der Kompromißbildung wird f(A) berechnet und ein Element $a^*_1 \in f(A)$ ausgewählt. (Im vorhin betrachteten Beispiel entspricht dies dem Wahlgang für das Amt des 1. Vorsitzenden. Wenn es mehrere optimale Kandidaten gibt [d.h. mit gleicher maximaler Stimmenzahl], kann man eine Zufallsentscheidung herbeiführen oder eine Stichwahl durchführen.)

Im zweiten Schritt (entspricht der Wahl des 2. Vorsitzenden), wird

$$f(A - \{a^*_1\})$$

berechnet und ein Element a^*_2 aus dieser Menge ausgewählt.
So fährt man fort, bis man zu der Menge

$$f(A - \{a^*_1, a^*_2, \ldots, a^*_{m-1}\})$$

kommt, die einelementig ist. Aus dieser Menge wählt man das einzige Element aus und ist bei einer optimalen Präferenzrelation angelangt.

Warum ist jeder so gefundene Kompromiß optimal?
Bei der Auswahl von a^*_1 aus f(A) ist man sicher, daß es eine optimale Präferenzrelation gibt, bei der a^*_1 an erster Stelle steht (nach Definition).

---

9 Zur Zählung der Stimmen vgl. Abschnitt A im fünften Kapitel, auf den obigen Sachverhalt wird im Abschnitt H noch einmal eingegangen (Eigenschaft α).

Bei der Auswahl von a^*_2 aus $f(A-\{a^*_1\})$ ist man ebenfalls sicher, daß es eine optimale vollständige Präferenzrelation auf $A-\{a^*_1\}$ gibt, bei der a^*_2 an erster Stelle steht, usw.

Die einzelnen Optimalitätsbegriffe für Präferenzrelationen auf A, auf $A-\{a^*_1\}$ usf. sind miteinander verträglich, da es sich jeweils um Teilprotokolle desselben P_1-Protokolls handelt (bei der Berechnung der Auswahlfunktion).

Wenn es mehrere P_1-optimale Präferenzrelationen gibt, zeigt sich die Überlegenheit der Auswahlfunktion: es gibt nur eine Auswahlfunktion. Der Kriterien-Ansatz ist in dieser Situation etwas hilflos.

C. Explizite Darstellung der Funktion Wert (x, X)

Für kleine Alternativenmengen A läßt sich die Funktion Wert (x, X) für $x \in X$ und $X \subset A$ leicht explizit angeben.

Wenn die Alternativenmenge nur aus einem Element besteht, dann ist das P_1-Protokoll eine Matrix mit nur einer Spalte und nur einer Zeile. Das einzige Element dieser Matrix ist eine Null.

Es gilt

Wert $(a_1, \{a_1\}) = 0$.

Wenn die Alternativenmenge aus zwei Elementen a_1 und a_2 besteht, dann erhält man ein P_1-Protokoll der Form

$$\begin{pmatrix} 0 & a_{12} \\ a_{21} & 0 \end{pmatrix}$$

Es gilt dann

Wert $(a_1, A) = a_{12}$

Wert $(a_2, A) = a_{21}$

Wenn die Alternativenmenge aus drei Elementen a_1, a_2, a_3 besteht, dann erhält man ein P_1-Protokoll der Form

$$\begin{pmatrix} 0 & a_{12} & a_{13} \\ a_{21} & 0 & a_{23} \\ a_{31} & a_{32} & 0 \end{pmatrix}$$

Benutzt man die Rekursionsformel aus Kapitel 2, Abschnitt F, so erhält man

$\text{Wert}(a_1, A) = a_{12} + a_{13} + \max(a_{23}, a_{32})$

$\text{Wert}(a_2, A) = a_{21} + a_{23} + \max(a_{13}, a_{31})$

$\text{Wert}(a_3, A) = a_{31} + a_{32} + \max(a_{12}, a_{21})$

Für Teilmengen $X \subset A$ mit weniger als drei Elementen ergeben sich aus den vorhergehenden Formeln sofort Rechenausdrücke für Wert(x, X).
Ab vier Alternativen werden die Formeln schon unübersichtlich und es lohnt sich, die Programme WERTE1, WERTE2 oder WERTE3 einzusetzen (mathematischer Anhang, Abschnitte P, Q und R).
Für den maximalen Wert der Zielfunktion (die »Wert-Determinante«, vgl. math. Anhang, Abschnitt O) ergeben sich folgende Formeln:

$\text{Wert-Det}(0) = 0$

$\text{Wert-Det}\begin{pmatrix} 0 & a_{12} \\ a_{21} & 0 \end{pmatrix} = \max(a_{12}, a_{21})$

$\text{Wert-Det}\begin{pmatrix} 0 & a_{12} & a_{13} \\ a_{21} & 0 & a_{23} \\ a_{31} & a_{32} & 0 \end{pmatrix} =$

$\max(a_{12}+a_{13}+\max(a_{23},a_{32}), a_{21}+a_{23}+\max(a_{13},a_{31}), a_{31}+a_{32}+\max(a_{12},a_{21}))$

D. Ein Beispiel zur P_1-Optimierung

Es seien vier Alternativen a, b, c, d gegeben. Fünf Entscheidungsträger in einem Gremium mögen folgende Präferenzen haben:

b>d>c>a, a>d>b>c, a>b>d>c, c>d>b>a, b>a>d>c .

Dann ergibt sich folgendes P_1-Protokoll:

$$\begin{pmatrix} 0 & 2 & 3 & 3 \\ 3 & 0 & 4 & 3 \\ 2 & 1 & 0 & 1 \\ 2 & 2 & 4 & 0 \end{pmatrix}$$

Dieses Beispiel wird auch von Blin, Fu und Whinston betrachtet.[10] Allerdings sind dort einige verwirrende Druckfehler vorhanden. Vermutlich muß es auf S. 17 heißen »$P_3 = (a, b, d, c)$« statt »$P_3 = (a, c, b, d)$«. Entsprechend müßte es auf S. 18 heißen »a b d c« statt »a c b d«. (Wenn die Präferenzen richtig angegeben wären, wäre das P_1-Protokoll falsch.) Die Fehler wiederholen sich bei Blin[11] auf den Seiten 119 und 120. Auf S. 120 ist noch ein neuer Druckfehler hinzugekommen: statt »bcda« muß es heißen »bdca«.

Nach der Methode von W. Rödding[12] (auf das P_1-Protokoll beschränkt) ergibt sich als optimaler Kompromiß:

$$\begin{pmatrix} 0 & 0 & 1 & 1 \\ 1 & 0 & 1 & 1 \\ 0 & 0 & 0 & 0 \\ 0 & 0 & 1 & 0 \end{pmatrix} \text{, also } b > a > d > c.$$

Nach Blin, Fu und Whinston wird folgender optimaler Kompromiß ermittelt

$$\begin{pmatrix} 0 & 1 & 1 & 1 \\ 0 & 0 & 1 & 1 \\ 0 & 0 & 0 & 1 \\ 0 & 0 & 0 & 0 \end{pmatrix} \text{, also } a > b > c > d.$$

Der optimale Kompromiß soll nach Blin die Summe der Hamming-Distanzen (vgl. 2. Kapitel, Abschnitt D und mathematischer Anhang, Abschnitt K) minimieren. Bei dieser Summe kann man sich auf die Werte oberhalb der Diagonalen beschränken, wenn man (wie Blin) nur lineare Präferenzen betrachtet.

Jedenfalls ist der Rödding'sche Kompromiß besser.

Schreibt man die individuellen Präferenzen noch einmal als 4×4-Matrizen auf, so erhält man:

---

10 Jean-Marie Blin, King-Sun Fu und Andrew B. Whinston, Application of Pattern Recognition to Some Problems in Economics, in: A.V. Balakrishnan (Hrsg.), Techniques of Optimization, New York und London 1972, S. 17–18.
11 Jean-Marie Blin, Patterns and Configurations in Economic Science, a.a.O.
12 Walburga Rödding, a.a.O.

$$\begin{pmatrix} 0 & 0 & 0 & 0 \\ 1 & 0 & 1 & 1 \\ 1 & 0 & 0 & 0 \\ 1 & 0 & 1 & 0 \end{pmatrix} \begin{pmatrix} 0 & 1 & 1 & 1 \\ 0 & 0 & 1 & 0 \\ 0 & 0 & 0 & 0 \\ 0 & 1 & 1 & 0 \end{pmatrix} \begin{pmatrix} 0 & 1 & 1 & 1 \\ 0 & 0 & 1 & 1 \\ 0 & 0 & 0 & 0 \\ 0 & 0 & 1 & 0 \end{pmatrix} \begin{pmatrix} 0 & 0 & 0 & 0 \\ 1 & 0 & 0 & 0 \\ 1 & 1 & 0 & 1 \\ 1 & 1 & 0 & 0 \end{pmatrix} \begin{pmatrix} 0 & 0 & 1 & 1 \\ 1 & 0 & 1 & 1 \\ 0 & 0 & 0 & 0 \\ 0 & 0 & 1 & 0 \end{pmatrix}$$

Für die Hamming-Distanzen zum Rödding'schen Kompromiß ergibt sich

d = 4   d = 4   d = 2   d = 10   d = 0

(wenn man nur die Werte oberhalb der Diagonalen berücksichtigt, halbieren sich die Zahlen). Als Summe der Hamming-Distanzen ergibt sich S = 20. Für die Hamming-Distanzen zum Blin'schen Kompromiß ergibt sich

d = 8   d = 4   d = 2   d = 10   d = 4

(bei Blin ist jeweils die Hälfte der Werte angegeben). Als Summe der Hamming-Distanzen ergibt sich S = 28.

Der Grund für die falsche Lösung bei Blin ist: Beim Kompromißbildungsverfahren kann man sich nicht auf die Werte oberhalb der Diagonalen beschränken. Wenn oberhalb der Diagonalen kleine Werte auftreten, bedeutet das gerade, daß unterhalb der Diagonalen große Werte auftreten im P_1-Protokoll. Man stellt etwa fest, daß nur 1 Stimme für c>d im P_1'-Protokoll verzeichnet ist. Das bedeutet aber, daß d>c 4 Stimmen erhält.

Wendet man das exakte Verfahren an und bezeichnet man die Menge der 4 Alternativen mit A, so ergibt sich

Wert (a,A) = 19
Wert (b,A) = 20
Wert (c,A) = 13
Wert (d,A) = 18

Die Alternative b erhält den höchsten Wert. Die beste Alternative ist also (eindeutig) b.

Um die Bewertung weiter durchzuführen, betrachte man die Menge

B = A - {b} = {a, c, d} ,

Dann ergibt sich

Wert (a,B) = 10
Wert (c,B) = 6
Wert (d,B) = 9

Die Alternative a steht also (eindeutig) auf dem zweiten Platz. Obwohl die »Präferenz-Differenzen« zwischen b und a und zwischen a und d nicht groß sind, sind Platz 1 und Platz 2 für die optimale Präferenz festgelegt.
Bildet man noch die Menge

```
C = B - { a } = { c, d }
```

so ergibt sich

```
Wert (c,C) = 1
Wert (d,C) = 4
```

(wie man unmittelbar aus dem P_1-Protokoll abliest).
Damit ist auch der dritte Platz eindeutig bestimmt und es gibt *genau einen optimalen Kompromiß*, nämlich b > a > d > c.
Bis auf den oben erwähnten Fehler stimmt die Methode von Blin, Fu und Whinston mit der Methode Rödding (beschränkt auf das P_1-Protokoll) überein. Allerdings behaupten Blin, Fu und Whinston, daß der heuristische Algorithmus ein exaktes Verfahren wäre (was nicht stimmt).
Bei dem hier verwendeten exakten Verfahren hätte man schon nach der ersten Stufe der Bewertung den Kompromiß b > a > d > c als optimal erkennen können: Als Wert der Zielfunktion ergibt sich 3+3+3+4+3+4 = 20. Der optimale Wert der Zielfunktion ist

```
max(Wert(a,A),Wert(b,A),Wert(c,A),Wert(d,A)) = 20.
```

Also nimmt die Zielfunktion für die Präferenz b > a > d > c den optimalen Wert an.
Das Beispiel ist nicht günstig ausgewählt worden, denn Mehrheitsentscheidung ist in diesem Fall widerspruchsfrei durchführbar und liefert den Rödding'schen Kompromiß.

E. Ein Beispiel zur P_0-Optimierung

Wir betrachten das Beispiel aus Abschnitt F im 1. Kapitel. Man erhält folgendes P_0-Protokoll:

$$\begin{pmatrix} 0 & 0 & 1 & 0 & 1 \\ 1 & 0 & 1 & 0 & 0 \\ 0 & 0 & 0 & 1 & 1 \\ 1 & 1 & 0 & 0 & 1 \\ 0 & 1 & 0 & 0 & 0 \end{pmatrix}$$

(Dies ist übrigens die Adjazenzmatrix des Graphen im Abschnitt D im 1. Kapitel).
$A = \{a, b, c, d, e\}$ bezeichne die Menge der fünf Alternativen des Beispiels.
Dann ergibt sich

Wert(a,A) = 7

Wert(b,A) = 7

Wert(c,A) = 7

Wert(d,A) = 8

Wert(e,A) = 6

Die Alternative d erhält den höchsten Wert. Die beste Alternative ist also eindeutig d.
Um die Berechnung weiter durchzuführen, betrachten wir die Menge

$B = A - \{d\}$.

Es ergibt sich dann

Wert(a,B) = 4

Wert(b,B) = 5

Wert(c,B) = 3

Wert(e,B) = 4

Jetzt erhält die Alternative b eindeutig den höchsten Wert. Setzen wir

$C = B - \{b\}$

so ergibt sich

Wert(a,C) = 3

Wert(c,C) = 2

Wert(e,C) = 1

Wieder gibt es eine eindeutig bestimmte Alternative mit maximalem Wert: a. Setzen wir noch

$D = C - \{a\}$,

so ergibt sich

Wert (c,D) = 1

Wert (e,D) = 0

Als P_0-optimale Präferenzrelation ergibt sich

d >b> a >c > e   (eindeutig).

Für das in dieser Arbeit beschriebene Verfahren ist die P_0-Optimierung ein Spezialfall der P_1-Optimierung (man wähle einfach das P_0-Protokoll als P_1-Protokoll und setze n = 1). Das Verfahren von Remage und Thompson[13] ist dagegen nur für die P_0-Optimierung einsetzbar. Der Unterschied wird nicht immer deutlich gemacht.
Als P_1-optimale Präferenzrelation ergibt sich im Beispiel

d >a> c >e > b   (eindeutig).

Diesmal ist Wert (a,A) = 75, Wert (b,A) = 73, Wert (c,A) = 77, Wert (d,A) = 79 und Wert (e,A) = 66. Weiter ergibt sich Wert (a,B) = 45, Wert (b,B) = 42, Wert (c,B) = 42 und Wert (e,B) = 41. Für E = B – {a} ergibt sich Wert (b,E) = 20, Wert (c, E) = 24 und Wert (e,E) = 20. Schließlich sei F = E– {c}. Dann ist Wert (b,F) = 4 und Wert (e,F) = 9.
In diesem Beispiel sind also die P_0-optimalen und die P_1-optimalen Präferenzrelationen unterschiedlich (wie auch Guénoche[14] festgestellt hat).
Eine verbesserte Version des Verfahrens von Remage und Thompson gibt Bermond[15] an.

F. Zur Kompliziertheit des Verfahrens

Wir betrachten wieder eine endliche Alternativenmenge A = $\{a_1, \ldots, a_m\}$. Nun kann man alle vollständigen Präferenzrelationen über A systematisch erzeugen: diese Relationen entsprechen den Permutationen von A. Es gibt m! Permutationen von A und dies ist jedenfalls eine endliche Zahl. Optimierungsaufgaben über endlichen Mengen sind immer lösbar, indem man alle Möglichkeiten durchprobiert.
In m! Schritten läßt sich also eine optimale (vollständige) Präferenzrelation finden. Nur wächst m! sehr stark (siehe Tabelle 1) und das Verfahren ist praktisch für höhere Werte von m nicht zu gebrauchen.
Bei dem vorliegenden Verfahren kann man die Schrittzahl durch $m \cdot 2^m$ abschätzen.

[13] Russell Remage und W.A. Thompson, a.a.O.
[14] Alain Guénoche, a.a.O.
[15] J.-C. Bermond, Ordres à distance minimum d'un tournoi et graphes partiels sans circuits maximaux, in: Mathématiques et sciences humaines, Band 37, 1972, S. 5–25.

Beweis: Für jede Teilmenge $X \subset A$ und jedes Element $x \in X$ wird die Größe Wert(x,X) berechnet. Eine Teilmenge mit k Elementen kann man auf $\binom{m}{k}$ verschiedene Weisen aus der Alternativenmenge A auswählen. Aus dieser Teilmenge kann man wiederum auf k verschiedene Weisen ein Element x auswählen. Also ergibt sich folgende Schrittzahl:

$$\sum_{k=0}^{m} \binom{m}{k} \cdot k \ .$$

Nun gilt die Abschätzung

$$\sum_{k=0}^{m} \binom{m}{k} \cdot k \leq m \cdot \sum_{k=0}^{m} \binom{m}{k} = m \cdot 2^m \ .$$

Die Größe $m \cdot 2^m$ ist zwar nicht durch ein Polynom in m beschränkt, aber sie wächst doch erheblich langsamer als m!, wie man aus Tabelle 1 ersehen kann:

Tabelle 1

m	m!	$m \cdot 2^m$
1	1	2
2	2	8
3	6	24
4	24	64
5	120	160
6	720	384
7	5 040	896
8	40 320	2 048
9	362 880	4 608
10	3 628 800	10 240
11	39 916 800	22 528
12	479 001 600	49 152

Für kleine Werte von m ist $m \cdot 2^m$ sogar größer als m!, aber ab m = 6 wird der gewaltige Wachstumsunterschied deutlich.

Beim Verfahren von Remage und Thompson[16] ergibt sich eine ähnliche Abschätzung für die Rechenzeit:[17] $m \cdot 2^{m-1}$

Die Abschätzung der Rechenzeit (und des Speicherbedarfs) ist sehr wichtig für die Beurteilung von Algorithmen. Bei Problemen der Anwendung sollte man

16 Russell Remage und W. A. Thompson, a.a.O.
17 Ebenda, S. 148.

diesen Gesichtspunkt aber nicht überbewerten: häufig gibt es andere Restriktionen, so daß ein theoretisch schnellerer Algorithmus praktisch trotzdem nicht sinnvoll ist. Bei der Aggregation von Präferenzen gibt es eine psychologische Grenze bei den Entscheidungsträgern. Mehr als 12 Alternativen sind schwer in eine Rangfolge zu bringen.[18]

G. Strategische Abstimmungen

Ist es möglich, daß ein Entscheidungsträger seine Position verbessert, indem er anders abstimmt, als es seiner ehrlichen Präferenz entspricht?
Nach einem Ergebnis von Gibbard[19] und Satterthwaite[20] ist das zu erwarten, obwohl dies bei der P_1-Optimierung nicht so einfach ist wie etwa bei der Mehrheitsentscheidung.
Betrachten wir folgendes Beispiel:[21]
Die Menge der Alternativen bestehe aus 4 Elementen a, b, c, d. Das Gremium bestehe aus 7 Entscheidungsträgern, die folgende vollständige Präferenzrelationen haben:

(1) b > c > d > a   (5) a > c > b > d
(2) d > a > c > b   (6) a > b > c > d
(3) d > b > a > c   (7) d > c > b > a
(4) c > b > d > a

Dann ergibt sich folgende Abstimmungsmatrix

$$\begin{pmatrix} 0 & 3 & 4 & 2 \\ 4 & 0 & 3 & 4 \\ 3 & 4 & 0 & 4 \\ 5 & 3 & 3 & 0 \end{pmatrix}$$

Als P_1-optimale Präferenz ergibt sich eindeutig die Präferenzrelation
c > b > d > a .

---

18 Die Grenze wird oft als noch kleiner angegeben: George A. Miller, The Magic Number Seven, Plus or Minus Two, Some Limits on Our Capacity for Processing Information, in: Psychological Review, Band 63, 1956, S. 81–97.
19 Allan Gibbard, Manipulation of Voting Schemes: a General Result, in: Econometrica, Band 41, 1973, S. 587–601.
20 Mark Allen Satterthwaite, Strategy-proofness and Arrow's Conditions: Existence and Correspondence Theorems for Voting Procedures and Social Welfare Functions, in: Journal of Economic Theory, Band 10, 1975, S. 187–217.
21 Tapas Majumdar, The Measurement of Utility, London 1958, S. 140f.

Wenn der Entscheidungsträger (6) statt seiner ehrlichen Präferenzrelation angibt

a > b > d > c,

so ergibt sich als manipuliertes P_1-Protokoll

$$\begin{pmatrix} 0 & 3 & 4 & 2 \\ 4 & 0 & 3 & 4 \\ 3 & 4 & 0 & 3 \\ 5 & 3 & 4 & 0 \end{pmatrix}$$

Als P_1-optimale Präferenz ergibt sich jetzt

b > d > a > c

(es gibt wieder genau eine optimale Präferenzrelation).
Der Entscheidungsträger (6) hat von dieser Manipulation profitiert: das Ergebnis stimmt jetzt in 3 Punkten mit seiner Präferenzrelation überein (b→d, b→c, a→c), während bei ehrlicher Abstimmung nur 2 Übereinstimmungen da sind (c→d, b→d).
Es empfiehlt sich also, den Entscheidungsträgern nicht zuviele Informationen zu geben. Die Manipulation wäre praktizierbar, wenn die anderen Entscheidungsträger schon vor der Stimmabgabe des Entscheidungsträgers (6) ihre Stimmen öffentlich abgäben.

H. Unabhängigkeit von irrelevanten Alternativen

Bei der Formulierung und Interpretation dieses Axioms ist in der Literatur einige Verwirrung[22] entstanden. Deshalb sei hier die Originalversion von Arrow[23] angegeben:
»Independence of irrelevant alternatives: Let R_1,..., R_n and R'_1,..., R'_n be two sets of individual orderings and let C(S) and C'(S) be the corresponding social choice functions. If, for all individuals i and all x and y in a given environment S, $x R_i y$ if and only if $x R'_i y$, then C(S) and C(S') are the same.«
Da wir keine social choice functions, sondern P_1-optimale Präferenzrelationen betrachten, ist das Axiom ein wenig umzuformulieren:

22 Paramesh Ray, Independence of Irrelevant Alternatives, in: Econometrica, Band 41, 1973, S. 987–991.
23 Kenneth J. Arrow, Social Choice and Individual Values, Second Edition, New Haven, 1963, S. 27.

Zu einer Alternativenmenge A seien zwei Gremien G und G' mit jeweils n Entscheidungsträgern beauftragt, kollektive Präferenzrelationen festzulegen. Die Entscheidungsträger des Gremiums G sollen die Vergleichsrelationen $R_i (i = 1, \ldots, n)$ haben, die Entscheidungsträger des Gremiums G' sollen die Vergleichsrelationen $R_i' (i = 1, \ldots, n)$ haben. Angenommen, auf einer Teilmenge S der Alternativenmenge stimmen die individuellen Vergleichsrelationen in beiden Gremien überein:

$$(\forall x)(\forall y)(x \in S \land y \in S \Rightarrow (x \, R_i \, y \Leftrightarrow x \, R_i' \, y)).$$

Dann sagt das Axiom der Unabhängigkeit von irrelevanten Alternativen (IIA) aus: Die kollektiven Präferenzrelationen, eingeschränkt auf S, stimmen in beiden Gremien überein.
Für P_1-optimale Präferenzrelationen als kollektive Präferenzrelationen muß das Axiom IIA *nicht* gelten.
Beispiel:
Als erstes Gremium wählen wir das Gremium G aus dem Abschnitt G (7 Entscheidungsträger, 4 Alternativen a, b, c, d). Als zweites Gremium G' betrachten wir 7 Entscheidungsträger mit folgenden individuellen Präferenzrelationen:

(1')   c > a > b > d
(2')   a > c > b > d
(3')   a > c > b > d
(4')   c > a > b > d
(5')   a > c > b > d
(6')   a > c > b > d
(7')   c > a > b > d

Hinsichtlich der Alternativenmenge S = {a, c} haben beide Gremien dieselben Vorstellungen. Wenn das Axiom IIA richtig wäre, dürften die »irrelevanten« Alternativen b und d für die Rangordnung von a und c keine Bedeutung haben. Nun ergibt sich aber für das Gremium G eindeutig

c > b > d > a

als P_1-optimale Präferenzrelation (vgl. Abschnitt G). Für das Gremium G' ergibt sich als eindeutig P_1-optimale Präferenzrelation

a > c > b > d

(wie sich schon aus der Mehrheitsentscheidung ergibt). Das Gremium G bewertet also c höher als a, während für G' die Alternative a besser ist als die Alternative c.

Die irrelevanten Alternativen haben also doch einen Einfluß, d.h. das Axiom IIA gilt nicht für die Kompromißbildung durch P_1-Optimierung.
Das Axiom IIA ist schon lange Gegenstand von Diskussionen.[24,25,26,29]
Die Auswahlfunktion zur P_1-Optimierung hat noch eine bemerkenswerte Eigenschaft: wenn der erste Platz für eine optimale Präferenzrelation ausgewählt ist, kann es vorkommen, daß die restlichen Alternativen, die ebenfalls für den ersten Platz in Frage gekommen wären, für den zweiten Platz nicht mehr optimal sind (vgl. Abschnitt B). Die Auswahlfunktion zur P_1-Optimierung hat also nicht die »Eigenschaft α«:[27,28]

$$x \in S_1 \subset S \wedge x \in C(S) \Rightarrow x \in C(S_1) \ .$$

---

24 Bengt Hansson, Group Preferences, in: Econometrica, Band 37, 1969, S. 50–54.
25 Peter C. Fishburn, Comment on Hansson's Group Preferences, in: Econometrica, Band 38, 1970, S. 933–935.
26 D.K. Osborne, Irrelevant Alternatives and Social Welfare, in: Econometrica, Band 44, 1976, S. 1001–1015.
27 Amartya Sen, Collective Choice and Social Welfare, a.a.O., S. 17.
28 Ray nennt diese Eigenschaft IIA(R-M), weil sie in der Literatur mit IIA verwechselt wurde: Paramesh Ray, a.a.O.
29 Manimay Sengupta, Monotonicity, Independence of Irrelevant Alternatives and Strategy-proofness of Social Decision Functions, in: Review of Economic Studies, Band XLVII, 1980, S. 393–407.

Viertes Kapitel

Algorithmen zur Lösung der Optimierungsaufgabe

A. Dynamische Optimierung

Im Abschnitt F des zweiten Kapitels und im Abschnitt B des dritten Kapitels wurde schon die Methode der dynamischen Optimierung verwendet, ohne die Terminologie und die Begriffe der dynamischen Optimierung explizit zu erwähnen.
Die Optimierungsaufgabe lautet:

$$\sum_{i=1}^{m} \sum_{j=1}^{m} x(a_i, a_j) \cdot P_1(a_i, a_j) = \max$$

unter der Restriktion

" x stellt eine vollständige Präferenzrelation über der Alternativenmenge $A = \{a_1, \ldots, a_m\}$ dar "

(vgl. dazu den Abschnitt A im zweiten Kapitel).
Die Kompromißbildung kann nun als ein m-stufiger Entscheidungsprozeß angesehen werden: in jeder Stufe wird ein Element ausgewählt (für die Plätze $1, 2, \ldots, m$).
Als »Zustände« der dynamischen Optimierungsaufgabe wählen wir in Stufe r diejenigen Teilmengen von A, die m–r Elemente haben. In der m-ten Stufe gibt es also nur einen Zustand: die leere Menge. Wir können noch die Stufe 0 hinzufügen mit dem einzigen Zustand A.
Der Übergang von Stufe r–1 zur Stufe r kann durch die Auswahl eines Elements $a_r \in X_{r-1}$ interpretiert werden:

$$X_r = X_{r-1} - \{a_r\}.$$

Die Bewertung dieses Übergangs sei gegeben durch

$$s_r = \sum_{x \in X_r} P_1(a_r, x).$$

In der letzten Stufe sei $s_m = 0$.
Die Summe aller dieser Bewertungen in den einzelnen Stufen ergibt gerade die Zielfunktion (Beweis: siehe math. Anhang, Abschnitte W und X).

Mit diesem Ansatz kommt man zu der Rekursionsgleichung des Abschnitts F im zweiten Kapitel.[1]
In der Literatur wurde die Methode der dynamischen Optimierung mehrfach für die P_0-Optimierung angewandt (vgl. zweites Kapitel, Abschnitt E und drittes Kapitel, Abschnitt E).

B. Branch and Bound

Für die Auswahlfunktion f, die jeder Teilmenge $X \subset A$ die Menge der optimalen Elemente zuordnet, für die also gilt

f(X) = { x | x∈X und Wert(x,X) = max } ,

läßt sich ein heuristischer Algorithmus angeben. Der Algorithmus ist heuristisch, weil er sich nicht immer durchführen läßt – wenn er sich durchführen läßt, ist sein Ergebnis exakt. Dieses Verfahren geht auf Herrn Dipl.-Math. Klaus Klawonn zurück (mündliche Kommunikation, Universität Dortmund 1977).
Zur Bestimmung der optimalen Elemente muß man nicht unbedingt Wert(x, X) für jedes x∈X berechnen. Für den maximalen Wert der Zielfunktion läßt sich eine obere Schranke sehr einfach ermitteln (man maximiert sozusagen die Zielfunktion durch Mehrheitsentscheidung, ohne die Nebenbedingung der Transitivität zu beachten): Im P_1-Protokoll vergleiche man die diagonal gegenüberliegenden Werte. Der jeweils höhere Wert soll erhalten bleiben, der andere Wert wird gelöscht (bei Gleichheit der Werte soll zufällig entschieden werden). Die Summe der verbleibenden Werte ergibt eine obere Schranke für die Zielfunktion, die zu dem ursprünglichen P_1-Protokoll gehört.
Die bisherigen Überlegungen sollen durch ein Beispiel demonstriert werden. Sei $A = \{a, b, c, d, e\}$ und das P_1-Protokoll sei durch die folgende Matrix gegeben:

$$\begin{pmatrix} 0 & 12 & 11 & 8 & 7 \\ 7 & 0 & 12 & 12 & 5 \\ 5 & 12 & 0 & 5 & 3 \\ 0 & 8 & 11 & 0 & 13 \\ 0 & 7 & 0 & 0 & 0 \end{pmatrix}$$

---

1 Vgl. dazu: Jürgen Bartnick, A Construction of a Collective Preference Relation, in: Methods of Operations Research, Band 41, 1981, S. 319–322.

Die »gelöschten« Werte sind in der folgenden Matrix mit »*« bezeichnet:

$$\begin{pmatrix} 0 & 12 & 11 & 8 & 7 \\ * & 0 & 12 & 12 & * \\ * & * & 0 & * & 3 \\ * & * & 11 & 0 & 13 \\ * & 7 & * & * & 0 \end{pmatrix}$$

(Das Element in der zweiten Zeile und in der dritten Spalte ist durch Zufallsentscheidung bestimmt worden.)
Die Zeilensumme zum Element x in der Alternativenmenge X werde im folgenden mit ZS(x, X) bezeichnet. Die obere Schranke, die nach dem beschriebenen Verfahren zum Element x in der Alternativenmenge X gehört, werde mit s(x, X) bezeichnet. Man ermittelt nun leicht

ZS(a,A) = 38,   s(a,A) = 58
ZS(b,A) = 36,   s(b,A) = 53
ZS(c,A) = 25,   s(c,A) = 59
ZS(d,A) = 32,   s(d,A) = 52
ZS(e,A) = 7,   s(e,A) = 66

(Der Wert s(x, A) wird aus der obigen Matrix ermittelt durch Streichen der Zeile und der Spalte, die zu x gehören, und durch Addition der restlichen Werte.)
Damit ergeben sich folgende Abschätzungen:

Wert(a,A) $\leq$ 96,   Wert(b,A) $\leq$ 89,   Wert(c,A) $\leq$ 84,
Wert(d,A) $\leq$ 84,   Wert(e,A) $\leq$ 73.

Aus diesen Abschätzungen allein läßt sich nichts über die optimalen Alternativen sagen (die obere Schranke für Wert(a, A) könnte »hochstaplerisch« sein). Wenn man eine konkrete Präferenzordnung angeben kann, deren Zielfunktionswert möglichst hoch ist, so kann man jedoch einige Alternativen als nicht-optimal erkennen – falls der Zielfunktionswert die betreffenden oberen Schranken übertrifft. Für die Ermittlung einer konkreten Präferenzordnung kann man ein heuristisches Verfahren anwenden, etwa das »Zeilensummen-Verfahren«: Aus den obigen Zeilensummen ergibt sich

a > b > d > c > e.

Zu dieser Präferenz gehört der Zielfunktionswert 94. Damit scheiden die Alternativen b, c, d, e als optimale Alternativen aus. Die Alternative a ist eindeutig optimal. Es gilt also f(A) = {a}.

Setzt man das Verfahren für das angegebene Beispiel fort, so ergibt sich für X = {b, c, d, e} die Matrix

$$\begin{pmatrix} 0 & 12 & 12 & 5 \\ 12 & 0 & 5 & 3 \\ 8 & 11 & 0 & 13 \\ 7 & 0 & 0 & 0 \end{pmatrix}$$

Die beschriebene Matrix-Umformung ergibt

$$\begin{pmatrix} 0 & 12 & 12 & * \\ * & 0 & * & 3 \\ * & 11 & 0 & 13 \\ 7 & * & * & 0 \end{pmatrix}$$

Es ergibt sich dann

ZS(b,X) = 29,   s(b,X) = 27
ZS(c,X) = 20,   s(c,X) = 32
ZS(d,X) = 32,   s(d,X) = 22
ZS(e,X) = 7,   s(e,X) = 35

Damit ergeben sich die Abschätzungen

Wert(b,X) $\leq$ 56, Wert(c,X) $\leq$ 52, Wert(d,X) $\leq$ 54, Wert(e,X) $\leq$ 42.

Nach dem »Zeilensummen-Verfahren« ergibt sich die Präferenz

d > b > c > e

mit dem Zielfunktionswert 52. Damit scheidet die Alternative e als optimale Alternative aus. Die optimale(n) Alternative(n) kann man aber noch nicht eindeutig angeben. Deshalb wird eine Präferenz mit höherem Zielfunktionswert gesucht. Geht man auf das ursprüngliche P_1-Protokoll für die Alternativen a, b, c, d, e zurück, so findet man nach dieser »Heuristik«

b > d > c > e

mit dem Zielfunktionswert 56. Dann scheiden die Alternativen c, d, e als optimale Alternativen aus und es gilt f(X) = {b} .
Setzt man das Verfahren für X = {c, d, e} fort, so ergibt sich als P_1-Protokoll:

$$\begin{pmatrix} 0 & 5 & 3 \\ 11 & 0 & 13 \\ 0 & 0 & 0 \end{pmatrix}$$

Die Matrix-Umformung ergibt

$$\begin{pmatrix} 0 & * & 3 \\ 11 & 0 & 13 \\ * & * & 0 \end{pmatrix}$$

Damit ergibt sich

ZS(c,X) = 8,   s(c,X) = 13
ZS(d,X) = 24, s(d,X) = 3
ZS(e,X) = 0,   s(e,X) = 11

und daher

Wert(c,X) $\leq$ 21, Wert(d,X) $\leq$ 27, Wert(e,X) $\leq$ 11.

Nach dem »Zeilensummen-Verfahren« ergibt sich die Präferenz

d > c > e

mit dem Zielfunktionswert 27. Also ist d die optimale Alternative:

f(X) = { d }.

Für X = {c,e} ergibt sich schließlich das P_1-Protokoll

$$\begin{pmatrix} 0 & 3 \\ 0 & 0 \end{pmatrix}$$

Die transformierte Matrix lautet

$$\begin{pmatrix} 0 & 3 \\ * & 0 \end{pmatrix}$$

Es gilt also

ZS(c,X) = 3, s(c,X) = 0
ZS(e,X) = 0, s(e,X) = 0

und demnach

Wert(c,X) ≤3, Wert(e,X) ≤0.

Für die Präferenz c>e ergibt sich der Zielfunktionswert 3, also gilt f(X) = {c}.
Damit ergibt sich eindeutig als optimale Präferenz

a > b > d > c > e

(wie sich schon nach dem Zeilensummen-Verfahren ergeben hatte).
Weitere Algorithmen, die Branch and Bound verwenden, sind angegeben bei deCani,[2] Burkov-Groppen,[3] Cook-Saipe,[4] Guénoche,[5] Tüshaus[6] und Flueck-Korsh[7] (Branch Search). Hierbei wird oft der Spezialfall der P_0-Optimierung betrachtet. Eine Übersicht über Algorithmen zur Lösung der Optimierungsaufgabe wird gegeben von Barthélemy und Monjardet[8] (wobei nicht immer zwischen P_0- und P_1-Optimierung deutlich unterschieden wird).

C. Lineare Optimierung

Die Zielfunktion der Optimierungsaufgabe ist eine lineare Funktion in den Variablen $x_{ij} = x(a_i, a_j)$. Deshalb ist es naheliegend, zu fragen, ob die Restriktionen für die x_{ij} (»die x_{ij} stellen die charakteristische Matrix einer vollständigen Präferenzrelation dar«) so umformuliert werden können, daß sich eine lineare Optimierungsaufgabe ergibt.
Nun lassen sich die Bedingungen der Transitivität, Antireflexivität und der

---

2 John S. deCani, A Branch and Bound Algorithm for Maximum Likelihood Paired Comparison Ranking, in: Biometrika, Band 59, 1972, S. 131–135.
3 V.N. Burkov und V.O. Groppen, Branch Cuts in Strongly Connected Graphs and Permutations Potentials, in: Automation and Remote Control, Band 6, 1972, S. 111–119.
4 W.D. Cook und A.L. Saipe, Committee Approach to Priority Planning: the Median Ranking Method, in: Cahiers du Centre d'Etudes et de Recherche Opérationelle, Band 18, 1976, S. 337–351.
5 Alain Guénoche, a.a.O.
6 Ulrich Tüshaus, Approximation of Binary Relations by Preorders, in: Methods of Operations Research, Band 43, 1981, S. 445–454.
7 John A. Flueck und James F. Korsh, A Branch Search Algorithm for Maximum Likelihood Paired Comparison Ranking, in: Biometrika, Band 61, 1974, S. 621–626.
8 Jean Pierre Barthélemy und Bernard Monjardet, a.a.O.

Vollständigkeit tatsächlich als lineare Restriktionen darstellen, sofern die Nebenbedingung $x_{ij} \in \{0, 1\}$ erfüllt ist:

$$x_{ij} + x_{jk} - x_{ik} \leq 1 \quad \text{für } i \neq j \neq k$$

$$x_{ij} + x_{ji} = 1 \quad \text{für } i \neq j$$

$$x_{ii} = 0$$

Marcotorchino und Michaud[9] lassen die Nebenbedingung der 0–1-Optimierung einfach fort und verwenden Standardmethoden der linearen Optimierung. Genau genommen handelt es sich dann nur um ein heuristisches Verfahren, denn die Lösung muß nicht ganzzahlig sein. Wenn sie aber ganzzahlig ist, dann stellt die Lösung eine exakte Lösung des Optimierungsproblems dar. Erstaunlicherweise funktioniert das Verfahren in vielen Fällen. Auch die Rechenzeit ist günstig: Für $n = 72$ Alternativen wurde in ca. 15 Minuten eine Lösung gefunden, obwohl 2 556 Nebenbedingungen, 124 392 Variablen und 427 705 von Null verschiedene Konstanten in der Matrix der Restriktionen auftreten.[10]
Der Algorithmus liefert nur *eine* Lösung und sagt nichts darüber aus, ob noch weitere Lösungen existieren.
Weitere Ansätze, die lineare Optimierung verwenden, wurden von deCani[11] und Bowman-Colantoni[12] vorgeschlagen.

---

9 J. François Marcotorchino und Pierre Michaud, Optimisation en analyse ordinale des données, Paris 1979.
10 Ebenda, S. 175.
11 John S. deCani, Maximum Likelihood Paired Comparison Ranking by Linear Programming, in: Biometrika, Band 56, 1969, S. 537–545.
12 V.J. Bowman und C.S. Colantoni, Majority Rules under Transitivity Constraints, in: Management Science, Band 19, 1973, S. 1029–1041.

Fünftes Kapitel

Kardinale Bewertung der Alternativen

In diesem Kapitel soll versucht werden, über die ordinale Bewertung hinaus eine kardinale Bewertung der Alternativen anzugeben. Zunächst werden naheliegende Methoden, die in der Praxis schon angewandt werden, angegeben. Dann wird versucht, eine P_1-optimale vollständige Präferenzrelation zu einer Intervallskala zu erweitern. Der Ansatz ist nur sinnvoll, wenn es genau eine P_1-optimale Präferenzrelation gibt. Man muß sich klarmachen, daß hinter der »Erweiterung zu einer kardinalen Skala« eigentlich der Kriterien-Ansatz steckt, der zu Beginn des ersten Kapitels erwähnt wird.
Der Kriterien-Ansatz ist etwas eng – deshalb darf man sich nicht wundern, daß er in allgemeineren Fällen versagt. Für den Kriterien-Ansatz muß es unerklärlich bleiben, daß es mehrere optimale Präferenzrelationen geben kann.
In diesem Kapitel wird also stets vorausgesetzt, daß es genau eine P_1-optimale Präferenzrelation gibt. Dann wird eine kardinale Skala aufgestellt, die als Input nur die paarweisen Vergleiche verwendet. Dabei braucht nicht jede individuelle Vergleichsrelation bekannt zu sein: es genügt die Kenntnis des P_1-Protokolls. Die empirischen Ergebnisse aus dem 7. Kapitel berechtigen zu der Hoffnung, daß der in Abschnitt C beschriebene Spezialfall (alle Entscheidungsträger haben dieselbe vollständige Präferenzrelation) in der Praxis keine Rolle spielt. Wenn die individuellen Vergleichsrelationen genügend kontrovers sind, läßt sich also eine kollektive Nutzenskala berechnen. Wenn man trotzdem noch Bedenken hat, daß die Skala zu ungenau sein könnte, kann man den ordinalen Input noch etwas »kardinaler« machen, indem man bei jedem paarweisen Vergleich mehrere Punkte (statt nur einer Stimme) zuläßt. Das Verfahren bleibt ansonsten unverändert (man kann sich vorstellen, daß die Entscheidungsträger durch Entscheidungsgruppen ersetzt werden).

A. Auszählen von Stimmen

Bei Parlamentswahlen erreicht man eine kardinale Bewertung der Parteien auf einfache Weise: die Wähler brauchen die Parteien nicht kardinal zu bewerten, sondern nur ihre Stimmen abzugeben (das ist noch weniger als eine ordinale

Bewertung). Eine Stimme kann man interpretieren als eine Vergleichsrelation, deren Graph wie in Abb. 5 (zweites Kapitel, Abschnitt F) aussieht.

Zangemeister[1] stellt fest: »Die Wertsynthese von ordinalen Präferenzordnungen wird wesentlich erleichtert, wenn man davon ausgeht, daß die von einer Alternative A_i gegenüber den übrigen (n–1) Alternativen erzielten Vorzugshäufigkeiten ein geeignetes *kardinales Maß* für ihren Nutzwert N_i ist.«

Er gibt dann drei »Vorzugs-Häufigkeitsregeln« an: die Copeland-Regel, die Austin-Sleight-Regel und die Thurstone-Regel.[2] Weiter gibt er noch die Rangordnungssummenregel an und merkt an, daß diese bis auf eine additive Konstante denselben Nutzwert liefert wie die Austin-Sleight-Regel.

Eine sehr alte und einfache Regel ist die Borda-Regel.[3] Sie lautet folgendermaßen: Wenn in einem Gremium alle Entscheidungsträger vollständige Präferenzrelationen haben, so bringe jeder Entscheidungsträger die m Alternativen in eine Rangfolge (von 1 bis m). Eine Alternative an j-ter Stelle erhält das Gewicht (m+1–j) für den betreffenden Entscheidungsträger. Das Gesamtgewicht der Alternative soll die Summe aller Einzelgewichtungen sein.

Betrachtet man das zugehörige P_1-Protokoll, so stellt man fest, daß die Borda-Regel bis auf eine additive Konstante gerade die Zeilensumme darstellt.[4] Das Zeilensummen-Verfahren ist allerdings allgemeiner, weil es nicht unbedingt vollständige Präferenzrelationen bei den Entscheidungsträgern voraussetzt.

B. Kardinale Bewertung von Alternativen mit Hilfe des P_1-Protokolls

Die im Abschnitt A genannten Regeln sind heuristische Verfahren. Sie müssen nicht zu P_1-optimalen Präferenzrelationen führen.

Bei dem Verfahren der P_1-Optimierung werden die Größen Wert(a_i, A) berechnet, um die optimalen Alternativen festzustellen. Obwohl es jetzt naheliegend ist, die Größen Wert(a_i, A) als Bewertung der Alternativen a_i anzusehen, kann dieses Verfahren nur als Näherungswert (oder ein weiteres heuristisches Verfahren) angesehen werden.

1 Christof Zangemeister, a.a.O., S. 263 f.
2 Vgl. auch: Gérard Gäfgen, Theorie der wirtschaftlichen Entscheidung, Untersuchungen zur Logik und Bedeutung des rationalen Handelns, 3. Auflage, Tübingen 1974, S. 431 ff.
3 J.C. de Borda, Mémoire sur les élections au scrutin, Mémoires de l'académie royale des sciences 1781.
4 Die Rangordnungssummenregel und die Austin-Sleight-Regel sowie das Zeilensummenverfahren sind also Varianten der Borda-Regel. Man beachte dabei: Amartya Sen, Social Choice Theory: a Re-examination, a.a.O., S. 78 f.

Hierbei ist nämlich nur der erste Schritt des Auswahlverfahrens berücksichtigt worden. Wenn die optimale Alternative bestimmt ist, kann die Bewertung für die restlichen Alternativen sich deutlich wandeln. Dieser Effekt ist in der Praxis bekannt: nach der Wahl des ersten Vorsitzenden muß der zweitbeste Kandidat für das Amt des ersten Vorsitzenden nicht unbedingt der beste Kandidat für das Amt des zweiten Vorsitzenden sein (vgl. dazu Abschnitt H im dritten Kapitel, Eigenschaft α).

Dementsprechend hat man mehrere Bewertungsskalen für die Alternativen. Die erste Skala stellt die Bewertung für den 1. Platz dar. Diese Skala bewertet alle Alternativen. Nachdem ein optimales Element ausgesondert wurde, wird eine neue Skala (die Bewertung für den 2. Platz) berechnet. Diese Skala bewertet nur noch m-1 Elemente (der m-elementigen Alternativenmenge A). Nachdem ein »optimales Element für den 2. Platz« ausgewählt wurde, wird die Skala für den 3. Platz berechnet usw. Die Skala für den m-ten Platz enthält schließlich nur einen Wert (nämlich 0).

Wie lassen sich diese Skalen »aggregieren« zu einer kardinalen Bewertung für alle Plätze?

Notwendige Bedingung ist natürlich, daß die gesuchte kardinale Skala einen Kompromiß für die ordinalen Bewertungen liefert (wenn man die zu der kardinalen Skala gehörige Präferenz verwendet).

Dadurch sind die Werte selbstverständlich noch nicht festgelegt. Aus Gründen der Einfachheit wird folgende Annahme gemacht:

Die Präferenz-Differenz zwischen einem Element auf dem i-ten Platz und einem Element auf dem (i+1)-ten Platz wird durch die Skala für den i-ten Platz festgelegt.

Im mathematischen Anhang, Abschnitt T, ist ein Programm hierzu angegeben (SUBROUTINE KNS, KNS = kollektive Nutzenskala). Es wird eine optimale Präferenzrelation erzeugt und zu dieser wird die kardinale Skala berechnet. Das Programm ist nur sinnvoll, wenn es genau eine P_1-optimale Präferenzrelation gibt. (Falls es mehrere optimale Relationen gibt, wird eine ausgesondert durch programmtechnische Besonderheiten.)

C. Spezialfall: Alle Entscheidungsträger haben dieselbe vollständige Präferenzrelation

Wenn in einem Gremium alle Entscheidungsträger die gleiche individuelle Präferenz haben, so ist eine »Intensität« der Präferenzen (aus dem P_1-Protokoll)

nicht erkennbar. Die unterschiedliche Gewichtung der Alternativen ergibt sich ja gerade aus den Gegenstimmen.
Damit ist nicht gesagt, daß aus der Einstimmigkeit im Gremium eine konstante Präferenzdifferenz zu folgern ist. Es kann durchaus Einmütigkeit darüber herrschen, daß die Alternative 2 nur »ein wenig« besser ist als die Alternative 1, jedoch die Alternative 3 »ganz erheblich« besser als die Alternative 2 ist.
Aber diese Präferenz-Differenzen lassen sich offenbar nicht aus dem P_1-Protokoll ermitteln. Das Bewertungsverfahren sollte also konstante Präferenz-Differenzen liefern (weil es sich nur auf das P_1-Protokoll stützt). Das ist in der Tat der Fall:
Sei

$$A = \{ a_1, a_2, \ldots, a_m \}$$

die Menge der Alternativen. Zur Vereinfachung nehmen wir an, daß alle Entscheidungsträger die individuelle Präferenz

$$a_1 > a_2 > a_3 > \ldots > a_m$$

haben. (Wir nehmen also eine vollständige Präferenzrelation an und ordnen die Elemente von A gerade in der Reihenfolge, die dazugehört.)
Dann besteht das P_1-Protokoll unterhalb der Diagonalen aus Nullen. In der Diagonalen der mxm-Matrix stehen Nullen (wie immer). Oberhalb der Diagonalen steht an jeder Stelle die Zahl n (Anzahl der Entscheidungsträger), denn alle Abstimmungen über

$$a_i > a_j \quad \text{für} \quad i < j$$

ergeben 100 % Zustimmung.
Als P_1-Protokoll ergibt sich also eine Matrix der Form

$$\begin{pmatrix} 0 & n & n & n & \ldots & n \\ 0 & 0 & n & n & \ldots & n \\ 0 & 0 & 0 & n & \ldots & n \\ \cdot & \cdot & \cdot & \cdot & \ldots & \cdot \\ 0 & 0 & 0 & 0 & \ldots & 0 \end{pmatrix}$$

Welche Größen ergeben sich für Wert(a_i, A)? $(i = 1, 2, \ldots, m)$
Als »Zeilensumme« ergibt sich im P_1-Protokoll für die i-te Zeile

$$(m-i)n \; .$$

Für das Maximum von Wert$(a, A - \{a_i\})$ ergibt sich

$$\binom{m-1}{2} n$$

(Summe der Elemente oberhalb der Diagonalen für die (m–1)x(m–1)-Matrix, die aus dem P_1-Protokoll entsteht, wenn man die i-te Zeile und die i-te Spalte streicht.)
Also ergibt sich

$$\text{Wert}(a_i, A) = (m-i)n + \binom{m-1}{2} n .$$

Die Skala für den 1. Platz liefert also eine konstante Wert-Differenz, nämlich die Zahl n. Die Skala für den 2. Platz sieht ganz ähnlich aus: man braucht nur m durch (m–1) zu ersetzen. Wieder ergibt sich die Zahl n als konstante Wert-Differenz. Entsprechendes gilt für die Skalen für die folgenden Plätze.
Die kollektive Nutzen-Skala hat also die konstante Differenz n.

D. Indifferenzen

Wenn wir die Überlegungen der ersten beiden Kapitel verallgemeinern wollen, dann müssen wir den Entscheidungsträgern noch mehr Freiheit geben.
Die Situation soll durch einen Graphen veranschaulicht werden. Die Alternativen seien als Punkte auf eine Ebene gezeichnet. Jeder Entscheidungsträger kann nun seinen individuellen Graphen angeben. Diesmal sollen ihm drei Arten von Pfeilen zur Verfügung stehen: P-Pfeile (für Präferenz), I-Pfeile (für Indifferenz) und Q-Pfeile (für Präferenz des Gegenteils). Anschaulicher könnte man etwa grüne Pfeile für Präferenz, gelbe Pfeile für Indifferenz und rote Pfeile für »Anti-Präferenz« wählen. Wie in einem Fußball-Turnier werden nun alle Alternativenpaare verglichen, wobei auch die Reihenfolge eine Rolle spielt (beim Fußballspiel gibt es den Platzvorteil und auch bei Abstimmungen kann die Plazierung der Kandidaten einen Einfluß auf das Abstimmungsergebnis haben).
Für jede Pfeilart kann man ein Protokoll aufstellen: man erhält dann ein P_1-, I_1- und Q_1-Protokoll. Analog sind P_0-, I_0- und Q_0-Protokolle zu definieren.
Wie soll nun der kollektive Graph aussehen?
Man wird einige vernünftige Forderungen stellen, etwa:
Zu einem P-Pfeil von a nach b gehört ein Q-Pfeil von b nach a,
zu einem I-Pfeil von a nach b gehört ein I-Pfeil von b nach a,
zu einem Q-Pfeil von a nach b gehört ein P-Pfeil von b nach a.
Nur wird man sich nicht ohne weiteres darüber einigen können, welche weiteren Forderungen vernünftig sind (intransitive Indifferenzen,[5] quasi-transitive Rela-

---

[5] J.S. Chipman, Consumption Theory without Transitive Indifference, in: J.S. Chipman, L. Hurwicz, M.K. Richter und H.F. Sonnenschein (Hrsg.), Preferences, Utility and Demand, New York, Chicago, San Francisco, Atlanta 1971, S. 224–253.

tionen[6]). Der Optimalitätsbegriff ist jedenfalls naheliegend: für jeden übereinstimmenden P-Pfeil, I-Pfeil oder Q-Pfeil vergibt jeder Entscheidungsträger einen Punkt. Es wäre auch denkbar, daß für Ähnlichkeiten ein halber Punkt vergeben wird[7] (Ähnlichkeit soll heißen: I statt P, I statt Q, P statt I, Q statt I). Mit Hilfe von Präordnungsrelationen kann man den unklaren Bereich der »vernünftigen« Forderungen etwas präzisieren. Eine Präordnungsrelation ist definiert als eine reflexive und transitive Relation. Eine Präordnungsrelation R heißt vollständig, wenn gilt

$$x \neq y \Rightarrow x R y \vee y R x.$$

Zu jeder Präordnungsrelation R kann man eine Indifferenzrelation I und eine Präferenzrelation P definieren:
x I y bedeute: x R y und auch umgekehrt y R x
x P y bedeute: x R y, aber nicht x I y
(vgl. dazu den mathematischen Anhang, Abschnitt A).

Walsh[8] meint, man könne die zu einer Präferenzrelation gehörende Indifferenzrelation definieren gemäß

$$x \sim y \Leftrightarrow (\forall z)(z > x \Leftrightarrow z > y) \wedge (\forall z)(x > z \Leftrightarrow y > z).$$

Das ist aber nicht der Fall, denn zu einer Präferenzrelation können mehrere Indifferenzrelationen passen. Anders ausgedrückt: zwei Präordnungen können in den zugehörigen Präferenzrelationen übereinstimmen, während die zugehörigen Indifferenzrelationen verschieden sind (Beispiel siehe math. Anhang, Abschnitt B).

---

6 Amartya Sen, Social Choice Theory: a Re-examination, a.a.O., S. 60.
7 Ähnlich wie in: V.J. Bowman und C.S. Colantoni, a.a.O.
8 Vivian Charles Walsh, Introduction to Contemporary Microeconomics, New York 1970, S. 79.

Sechstes Kapitel

Eine Verbesserung der Delphi-Methode

A. Anmerkungen zur Nutzwertanalyse

Wir betrachten wieder eine Alternativenmenge A, bestehend aus m Elementen $a_1, \ldots, a_m$, und ein Gremium G von Entscheidungsträgern (die zunächst im Hintergrund bleiben). Die Alternativen sollen jetzt nach Kriterien bewertet werden. Woher die Kriterien kommen, ist für den Ansatz belanglos. Gegeben seien also p Kriterien $K_1, \ldots, K_p$.
Der Ansatz der Nutzwertanalyse nach Zangemeister[1] geht davon aus, daß es p reellwertige, auf A definierte Funktionen $f_i (i = 1, \ldots, p)$ gibt, die zu jeder Alternative $a \in A$ den »Zielertrag« $f_i(a)$ für das i-te Kriterium angeben. Außerdem werden noch reellwertige, auf dem Bereich der reellen Zahlen definierte Funktionen $g_i (i = 1, \ldots, p)$ gegeben »zur Transformation der Zielerträge auf eine einheitliche Skala« (in der Terminologie der Nutzwertanalyse). Durch Hintereinanderschalten der Funktionen werden reellwertige, auf A definierte Funktionen u_i festgelegt, die zu jeder Alternative $a \in A$ den »Zielerfüllungsgrad« $u_i(a) = g_i(f_i(a))$ für das i-te Kriterium angeben.
Der Einfachheit halber nennen wir die Funktionen u_i »Nutzenfunktionen«. Wir wollen hier nicht näher auf die Theorie der Nutzenfunktionen eingehen.[2] Zangemeister bewertet dann jede Alternative durch eine gewichtete Summe der Nutzenfunktionswerte für jedes Kriterium

$$\text{Nutzwert}(a) = \sum_{i=1}^{p} w_i u_i(a),$$

wobei die w_i konstante Gewichte sind, auf deren Bestimmung wir noch eingehen werden. Dieser Ansatz ist zweifelhaft. Schon Gäfgen[3] schreibt dazu:
»In der ökonomischen Nutzentheorie muß man schon sehr weit, nämlich bis vor die Grenznutzenschule zurückgehen, um eine so primitiv konstruierte Nutzenfunktion von der Form

$$N(a) = n_1 k_{1a} + n_2 k_{2a} + \ldots + n_n k_{na}$$

---

1 Christof Zangemeister, a.a.O.
2 Zur Theorie der Nutzenfunktionen siehe etwa:
 Peter C. Fishburn, Utility Theory, in: Management Science, Band 14, 1968, S. 335–378, und derselbe, Utility Theory for Decision Making, New York 1970.
3 Gérard Gäfgen, a.a.O., S. 162 f.

zu finden. Je strenger die Messungsannahmen, desto leichter ist das Maß zu handhaben, aber desto zweifelhafter wird auch seine Geltung für die tatsächlichen Wertsysteme der Aktoren.«
Auch in der Raumplanung ist hierzu Kritik geübt worden, etwa von Bachfischer,[4] Bechmann[5] und Eberle[6,7] (und vom Verfasser 1977 in seiner Habilitationsschrift). Trotz dieser Kritik geben wir in den folgenden Abschnitten ein Anwendungsbeispiel der Nutzwertanalyse in der Raumplanung an und demonstrieren daran zugleich eine Verbesserungsmöglichkeit. (Andere Verbesserungen der Nutzwertanalyse wurden schon im 1. Kapitel, Abschnitt B angegeben: Multiple Criteria Decision Making.)

B. Delphi-Runden

Zur Bestimmung der konstanten Gewichte verwendet man die Delphi-Methode,[8] die in mehreren Runden verläuft. In der ersten Runde legt jeder Entscheidungsträger nach seinem subjektiven Ermessen Gewichte für die Kriterien fest, so daß die Summe der Gewichte = 1 ist (als Summe könnte man auch 100 wählen). Aus den individuellen Gewichten wird eine kollektive Gewichtung ermittelt, etwa durch Bildung des arithmetischen Mittelwerts. Um Verfälschungen durch extreme Interessenvertreter zu vermeiden, sollen extreme Gewichtungen ausgesondert werden – wobei es allerdings nicht einfach ist, zu definieren, was »extrem« ist. Entscheidungsträger mit extremen Gewichtungen werden gebeten, ihre Meinung zu begründen. Die Mittelwerte der nicht-extremen Gewichte werden als kollektive Gewichtung der 1. Runde bekanntgegeben. An diesen Werten sollen sich die Entscheidungsträger orientieren für die 2. Runde, die analog verläuft. Bei diesem Prozeß hofft man, daß die kollektiven Gewichtungen

---

[4] Robert Bachfischer, Die ökologische Risikoanalyse, Diss., München 1978; derselbe und Jürgen David, Die ökologische Risikoanalyse – ein Instrument ökologischer Raumplanung, in: Bauwelt, 69. Jg., 1978, S. 1342–1347.
[5] Arnim Bechmann, Nutzwertanalyse, Bewertungstheorie und Planung, Bern und Stuttgart 1978.
[6] Dieter Eberle, Bewertungsmethoden für regionale Siedlungsstrukturkonzepte – Eine Untersuchung zur Verwendbarkeit neuer entscheidungstheoretischer Ansätze in der Planungspraxis, Hannover 1979.
[7] Dieter Eberle, Fallbeispiele zur Weiterentwicklung der Standardversion der Nutzwertanalyse – Exemplarische Ansätze aus dem Bereich der Siedlungsstrukturplanung, Hannover 1981.
[8] Vgl. dazu: Bertil Tell, An Approach to Solving Multi-person Multiple-criteria Decision-making Problems, in: Stanley Zionts (Hrsg.), Multiple Criteria Problem Solving, Berlin, Heidelberg, New York 1978, S. 482–493.

gegen einen Grenzwert konvergieren, den man möglichst schon in der 3. Runde erreichen möchte.[9]
Der Beweis für die Konvergenzaussage dürfte schwierig sein, da die Begriffsbildungen nicht präzise sind (z.b. extreme Gewichtung). Im Abschnitt C wird eine Verbesserung vorgeschlagen, die weniger anfechtbar ist.
Die Festlegung der Gewichte nach subjektivem Ermessen dürfte den Entscheidungsträgern Schwierigkeiten bereiten. Hier wird im Abschnitt C eine wesentliche Verbesserung vorgenommen: ein Entscheidungsträger wird wohl sagen können, daß ihm das Kriterium X wichtiger erscheint als das Kriterium Y, aber nur mit Unwohlsein behaupten, das Kriterium X habe bei ihm das Gewicht 0,76 und das Kriterium Y habe bei ihm das Gewicht 0,21.
Unabhängig von dem Problem der kardinalen oder ordinalen Bewertung stellt sich die Frage: Wieviele Kriterien können die Entscheidungsträger simultan gewichten? Hier dürfte bei 12 Alternativen eine Grenze liegen (vgl. dazu die Anmerkungen im Abschnitt F des dritten Kapitels).

C. Ordinale Delphi-Runden

In der ersten Runde überlegt sich jeder Entscheidungsträger, welche Vergleichsrelation er auf der Menge der Kriterien $\{K_1, K_2, \ldots, K_p\}$ für richtig hält.
Die Kriterien bilden hier also die Alternativenmenge. Indifferenzen sollen nicht zugelassen sein (wohl aber Unvergleichbarkeit: im Graphen wird dann kein Pfeil eingezeichnet). Jeder Entscheidungsträger zeichnet also seine Präferenz-Pfeile in den Graphen ein. Auf Transitivität braucht er nicht zu achten – wenn er nicht von sich aus möchte. Nur antisymmetrisch sollte seine Vergleichsrelation sein. Bei der Erhebung des P_1-Protokolls kann man die Fragen so formulieren, daß die Antisymmetrie erzwungen wird: siehe Abschnitt F im ersten Kapitel.
Entscheidungsfreudige Entscheidungsträger können eine vollständige Präferenzrelation angeben in Form einer Rangordnung (das erspart auch einige Schreibarbeit). Nun kann das P_1-Protokoll erhoben werden. Wichtig ist, daß nur diese Information gebraucht wird. Die individuellen Vergleichsrelationen müssen also nicht bekanntgegeben werden.
Nun werden die P_1-optimalen Präferenzrelationen berechnet mit Hilfe der Algorithmen aus dem Abschnitt F des zweiten Kapitels und dem Abschnitt B des dritten Kapitels. Falls es genau eine P_1-optimale Präferenzrelation gibt, ist das

---

9 Reinhard Klein, a.a.O., S. 75.

Verfahren beendet und die Gewichtung ergibt sich aus der KNS-Bewertung (Abschnitt B, fünftes Kapitel). Die KNS-Bewertung ist eine Intervallskala: Nullpunkt und Skaleneinheit sind nicht festgelegt. Deshalb kann sie nicht ohne weiteres in die »absolute Skala« der Delphi-Bewertung transformiert werden. Dieses Phänomen deckt keinen Mangel der KNS-Bewertung auf, sondern beleuchtet eine grundsätzliche Schwierigkeit bei Bewertungsaufgaben. Möglicherweise sind die Entscheidungsträger bei der Festlegung absoluter Gewichte überfordert (wie die Lehrer in der Bundesrepublik, wenn man die Notengebung in den einzelnen Bundesländern als »absolut« gelten lassen will).

Wenn man die Ergebnisse der Delphi-Runde für eine Nutzwertanalyse anwenden möchte, ist es jedoch unerheblich, welche Lineartransformation (monoton wachsend) festgelegt wird. Wenn die Anzahl der Entscheidungsträger für alle Gewichtungen innerhalb der Nutzwertanalyse gleich bleibt, dann kann die KNS-Skala als Gewichtungsskala verwendet werden (ohne Transformation).

Die Nutzwert-Skala ist selbst nur eine Intervallskala (als Nutzenfunktion).

Wenn es mehrere P_1-optimale Kompromisse gibt, dann werden diese bekanntgegeben und es findet eine zweite Runde statt. Die Entscheidungsträger werden aufgefordert, sich einem dieser Kompromisse möglichst anzupassen. (Dies entspricht einer Stichwahl.) Wenn die Entscheidungsträger ihre Vergleichsrelationen modifiziert haben, wird wieder ein P_1-Protokoll erhoben. Gibt es jetzt einen eindeutig bestimmten P_1-optimalen Kompromiß, dann ist das Verfahren beendet. Als Gewichtung wird die zugehörige KNS-Skala gewählt. Gibt es mehrere P_1-optimale Präferenzrelationen, so wird das Verfahren wiederholt.

Das Verfahren muß nicht unbedingt zu einem Ende kommen: wenn alle Entscheidungsträger starr bei ihren Vergleichsrelationen bleiben, so kann sich an der Situation nichts ändern.

Notfalls wird per Losentscheid eine P_1-optimale Präferenzrelation ausgewählt. Dann ist auch eine KNS-Skala festgelegt.

Zusammenfassung der Vorteile gegenüber der »kardinalen« Delphi-Methode:
1. Die Festlegung einer Vergleichsrelation ist für die Entscheidungsträger viel einfacher als die Festlegung von Gewichten.
2. Extreme Gewichtungen kann es nicht mehr geben. Niemand kann ein ordinaler »Ausreißer« sein.
3. Die Problematik der Mittelwertberechnung entfällt.
4. Ein Kriterium für das Ende der Delphi-Runden ist vorhanden.

D. Beispiel

In dem Programmsystem PROSAB,[10] das im Institut für Raumplanung der Universität Dortmund entwickelt wurde, sollen Flächen hinsichtlich bestimmter Nutzungsarten bewertet werden. Die Zahl der Kriterien, die ausgewählt wurden, ist zu groß, als daß die Kriterien unmittelbar in einer Delphi-Runde gewichtet werden könnten. Deshalb werden für jede Nutzungsart »Indizes« eingeführt (vgl. Siebtes Kapitel, Abschnitt A). Diese Indizes können zunächst in Delphi-Runden gewichtet werden. Zu jedem Index werden dann Kriterien angegeben und in weiteren Delphi-Runden mit relativen Gewichten versehen. Aus diesem zweistufigen Verfahren ergeben sich die endgültigen Gewichte der Kriterien. Dieses Verfahren ist zwar methodisch bedenklich (vgl. Abschnitt A), aber für den Vergleich der beiden Delphi-Methoden sind die Daten ganz nützlich. Aus den kardinalen Delphi-Gewichtungen lassen sich die ordinalen herleiten – es brauchen also keine neuen (ordinalen) Delphi-Runden veranstaltet zu werden. Im siebten Kapitel werden nur die Gewichtungen der Indizes betrachtet, sonst wird der empirische Anhang zu lang. (In der Habilitationsschrift des Verfassers wurden auch die Kriterien für die Indizes in die Untersuchung einbezogen.)

I. Kardinale und ordinale Delphi-Runden

Die Abstimmungsergebnisse (P_1-Protokolle) lassen sich berechnen aus den Gewichten, die die Entscheidungsträger den Indizes geben. Zu vergleichen sind

---

10 PROSAB = Programm-System zur Nutzungszuweisung aufgrund von Nutzungs-Anforderungen und Nutzungs-Bedingungen. Zu dem Programmsystem gibt es zahlreiche Veröffentlichungen: Dieter Schindowski und andere, PROSAB – Ein computergestütztes System zum Entwurf und zur Bewertung in der kommunalen Bauleit- und Entwicklungsplanung, Grundversion, Band 1, Wissenschaftliche Grundlagen und Systembeschreibung, in: Schriftenreihe Landes- und Stadtentwicklungsforschung des Landes Nordrhein-Westfalen, Band 2.011/II, Dortmund 1976.
Dieselben, PROSAB – Ein computergestütztes System zum Entwurf und zur Bewertung in der kommunalen Bauleit- und Entwicklungsplanung, Grundversion, Band 2, Materialien, in: Schriftenreihe Landes- und Stadtentwicklungsforschung des Landes Nordrhein-Westfalen, Band 2.011/II, Dortmund 1976.
Institut für Raumplanung Universität Dortmund (IRPUD), PROSAB I, Testanwendungen, Band 1, in: Schriftenreihe Landes- und Stadtentwicklungsforschung des Landes Nordrhein-Westfalen, Band 2.012, Dortmund 1979.

dann die Delphi-Gewichte mit den Werten der KNS-Gewichtung. Auf diesen Vergleich wird im nächsten Unterabschnitt eingegangen.
Da die Auswertung der Daten per Computer vorgenommen wird, ist zunächst zu präzisieren, was eine »extreme Gewichtung« (ein Ausreißer) sein soll. Zunächst wird der Mittelwert aus allen Gewichten berechnet (inclusive »extreme« Werte). Dann wird eine prozentuale Abweichungsgrenze festgelegt. Alle Werte, die vom vorläufigen Mittelwert mehr abweichen, als die prozentuale Abweichungsgrenze angibt, werden zu Ausreißern erklärt. Schließlich wird der endgültige Mittelwert aus den verbleibenden Werten berechnet. Bei der Festlegung der zulässigen Abweichungsgrenze muß man anscheinend großzügig sein, sonst gehen zuviele Werte verloren. Bei den Werten, die im folgenden Computer-Output angegeben sind, wurde die zulässige Abweichungsgrenze = 90 % gesetzt (dieser Wert wird mit ausgegeben und ist im Programm ohne weiteres veränderbar).
(Das Verfahren ist nur als Vorschlag anzusehen, wie man einen »Ausreißer« formal definieren könnte. Wenn zwei kontroverse Bewertungsgruppen vorhanden sind, könnten alle Bewerter disqualifiziert werden, weil alle Bewerter um mehr als 90 % vom Mittelwert abweichen. Man sollte die Daten also noch einmal »ansehen«, bevor man die Delphi-Gewichte verwendet. Bei ordinalen Delphi-Runden können solche Schwierigkeiten nicht auftreten.)
Berechnet man aus den Ergebnissen einer Delphi-Runde die zugehörige Abstimmungsmatrix, so kann sich herausstellen, daß viele Indifferenzen auftreten, weil ein naheliegender Wert für eine Gewichtung mehrfach verwendet wurde (eine »glatte« Zahl wie 10 oder 20). Würde man die Entscheidungsträger direkt zu einem paarweisen Vergleich der Merkmale auffordern, so ergäben sich möglicherweise eindeutige Präferenzen innerhalb einer Menge gleichbewerteter Merkmale. Ein hoher Anteil von Indifferenzen ist ungünstig für die KNS-Bewertung, deshalb wird bei der Computerausgabe der prozentuale Anteil der Indifferenzen zur Kontrolle ausgedruckt.
(Indifferenzen werden in der vorliegenden Version der KNS-Bewertung nicht zugelassen, bei Merkmalen mit gleichen Gewichtungen wird im P_1-Protokoll nichts eingetragen. Indifferenz wird also wie Unvergleichbarkeit behandelt.)

II. Korrelationen KNS- und Delphi-Gewichtung

Zum Vergleich der beiden Skalen wurde der Korrelationskoeffizient verwendet. Natürlich kann man auch eine Rang-Korrelation zwischen den beiden sich ergebenden Rangfolgen berechnen, aber der Korrelationskoeffizient ist zum Vergleich zweier kardinaler Skalen sinnvoller. Bekanntlich mißt der Korrelationskoeffizient den Grad des *linearen* Zusammenhangs zweier Größen und ist invariant gegenüber linearen Transformationen der beiden Größen. Der Korrelationskoeffizient ist daher geeignet, die Ähnlichkeit zweier Nutzenskalen zu messen. Nimmt der Korrelationskoeffizient den Wert +1 an, so hat man die Äquivalenz der beiden untersuchten Nutzenskalen festgestellt. (Die zulässigen Transformationen für Nutzenfunktionen verlangen eine positive Korrelation, daher scheidet der Wert −1 von vornherein aus.)

Die Bedeutung des Korrelationskoeffizienten sollte man nicht überbewerten: die Gewichtungen sind ohnehin methodisch bedenklich (vgl. Abschnitt A). Wenn man eine angreifbare Methode und eine Verbesserung der Methode mittels Korrelationskoeffizient vergleicht, so begibt man sich auf Glatteis. Falls der Korrelationskoeffizient nahe bei +1 liegt (wie sich tatsächlich herausstellt), so könnte man schließen, daß man ja bei der alten Methode bleiben kann. Die neue Methode verlangt aber weniger von den Entscheidungsträgern: die kardinale Bewertung der Merkmale stellt hohe Anforderungen an die Entscheidungsträger, eine ordinale Bewertung fällt den Entscheidungsträgern leichter. In einer ordinalen Skala steckt weniger Information und es ist schon bemerkenswert, wenn man mit weniger Information dasselbe Ergebnis erzielt. Der im Abschnitt C des fünften Kapitels beschriebene Fall scheint also im Beispiel nicht eingetreten zu sein, die Meinungen waren also kontrovers genug, um eine sinnvolle Nutzenskala zu berechnen.

Dennoch sollten die Korrelationen nicht mit dem strengen Maßstab eines mathematischen Statistikers gemessen werden – diese Berechnungen sind mehr als Plausibilitätsüberlegungen anzusehen.

III. Ergebnisse

Das Hauptprogramm KNSDELPHI (Abschnitt U im mathematischen Anhang) liefert folgende Ergebnisse (die Computerausgaben sind im siebten Kapitel im einzelnen angegeben):

Verwendet man die Gewichtungen des Instituts für Raumplanung der Universität Dortmund, so stellt sich heraus, daß kein Korrelationskoeffizient unter 0,9 liegt (in den Fällen, bei denen es genau einen P_1-optimalen Kompromiß gibt). Erweitert man die Gruppe der Entscheidungsträger durch Teilnehmer aus Bochum und Hagen (aus Gründen des Datenschutzes sind die Bewerter nur noch durch laufende Nummern gekennzeichnet), so werden die Korrelationen noch besser und die Mehrdeutigkeit wird seltener.

Die Korrelationskoeffizienten sind sinnlos, wenn es mehr als einen P_1-optimalen Kompromiß (und damit mehrere KNS-Skalen) gibt. Im Falle der Mehrdeutigkeit wird recht willkürlich eine der möglichen KNS-Skalen ausgewählt (vgl. den Abschnitt B im fünften Kapitel).

Mehrdeutigkeit tritt auf in folgenden Fällen:
- W1, W3, T1, T2, T3, F1, F4, F5, G1, G3 beim Institut für Raumplanung
- W1, W3, W4, T1 bei der Gesamtrunde.

Nach den Regeln für ordinale Delphi-Runden (Abschnitt C) müßten in diesen Fällen eigentlich weitere Abstimmungsrunden stattfinden.

Wie schon erwähnt, sollten die Korrelationskoeffizienten nicht überbewertet werden. Der Aufwand für weitere Abstimmungen im Institut für Raumplanung oder gar in der erweiterten Runde lohnt sich deshalb kaum.

Wenn es nicht um Korrelationskoeffizienten geht, sondern um die Durchführung einer ordinalen Delphi-Runde, dann allerdings kann man bei Mehrdeutigkeit in der ersten Runde nicht auf eine zweite Runde verzichten.

Das Abstimmungsparadoxon bei der Mehrheitsentscheidung tritt übrigens auf in den Fällen
- W1, W2, W3, W4, F5, G1 beim Institut für Raumplanung
- W1, W4, F3, G1 bei der Gesamtrunde.

Bei der Mehrheitsentscheidung kann es auch vorkommen, daß die Präferenz unvollständig bleibt, weil Indifferenz (Stimmengleichheit) auftritt.

Das kommt vor in den Fällen
- T1, T2, T3, F1, F4, G3 beim Institut für Raumplanung
- W3, T1 bei der Gesamtrunde.

Wenn die Mehrheitsentscheidung zu einem vollständigen und widerspruchsfreien Ergebnis kommt, dann ist diese Präferenzrelation P_1-optimal und es gibt keine weiteren optimalen Präferenzrelationen.

Dieser Fall tritt auf bei
- T4, F2, F3, G2 beim Institut für Raumplanung
- W2, T2, T3, T4, F1, F2, F4, F5, G2, G3 bei der Gesamtrunde.

E. Bewertung durch automatisierte Abstimmung

Bei der Anwendung der ordinalen Delphi-Runden war bisher immer die Rede davon, daß das Verfahren methodisch »eigentlich« nicht in Ordnung ist.

Das Bedenkliche dabei war immer der Ansatz der Nutzwertanalyse (wie in Abschnitt A näher ausgeführt). Dieser Ansatz läßt sich nun durchaus überwinden.
Die Aufgabe ist, Alternativen $a_1, a_2, \ldots, a_m$ anhand von Kriterien $K_1, K_2, \ldots, K_p$ in eine Rangfolge zu bringen.
Diese Aufgabe läßt sich von einem Gremium aus n Entscheidungsträgern lösen:
Im ersten Schritt wird eine ordinale Delphi-Runde zur Bewertung der Kriterien durchgeführt. Dabei erhält jedes Kriterium durch die KNS-Bewertung ein ganzzahliges (positives) Gewicht. Diese ganzzahligen Gewichte muß man nun nicht unbedingt in eine anfechtbare Nutzenfunktion (der kritisierten Form) einbringen. Vielmehr ist es ganz natürlich, sich ein Parlament vorzustellen, in dem die Kriterien wie Abgeordnete von Parteien vertreten sind. Die Sitzverteilung regelt sich nach der KNS-Bewertung.
Nun kann in diesem »Kriterienparlament« über die Alternativen abgestimmt werden. Das Ergebnis ist ein P_1-Protokoll. Dieses P_1-Protokoll kann maschinell hergestellt werden, weil die Kriterien so operational sind, daß der Vergleich von Alternativen kein Problem darstellen kann.
Aus diesem P_1-Protokoll lassen sich P_1-optimale Präferenzrelationen nach den Algorithmen aus Kapitel 4 berechnen. Dabei ist es durchaus möglich, m = 72 zu wählen. (Da das P_1-Protokoll *berechnet* wird, gelten die psychologischen Restriktionen für die Zahl der Alternativen nicht mehr.)
Dagegen muß bei der KNS-Bewertung der Kriterien $p \leq 12$ gelten (auch nach den vorhandenen Algorithmen).
Dieser Ansatz ist genauer festgelegt als die Ansätze von Bachfischer[11] und Bechmann[12] (die zwar flexibler sind als der Ansatz der Nutzwertanalyse, aber dafür nicht unbedingt operational).

---

11 Robert Bachfischer, a.a.O.
12 Arnim Bechmann, a.a.O.

Siebtes Kapitel

Empirischer Anhang

A. Verzeichnis der Nutzungsarten und Indizes

Die Größen sind auch angegeben im Band 2.012 der Schriftenreihe Landes- und Stadtentwicklungsforschung des Landes Nordrhein-Westfalen, Dortmund 1979, S. 37f. und S. 44. In dieser Veröffentlichung (des Instituts für Raumplanung der Universität Dortmund) werden die einzelnen Nutzungsarten näher erläutert. In den folgenden Computerausdrucken werden die Indizes als »Merkmale« bezeichnet.

Nutzungsarten:

W1 = Wohnen 1, W2 = Wohnen 2, W3 = Wohnen 3, W4 = Wohnen 4
T1 = Tertiärer Sektor 1, T2 = Tertiärer Sektor 2, T3 = Tertiärer Sektor 3, T4 = Tertiärer Sektor 4
F1 = Freizeit 1, F2 = Freizeit 2, F3 = Freizeit 3, F4 = Freizeit 4, F5 = Freizeit 5
G1 = Gewerbe/Industrie 1, G2 = Gewerbe/Industrie 2, G3 = Gewerbe/Industrie 3

8 Indizes zu W1:

Technische Bebaubarkeit
Technische Ver- und Entsorgung
Verkehrliche Erschließung
Nutzungsbeschränkungen
Umweltqualität
Versorgung mit Kultur- und Bildungseinrichtungen
Versorgung mit Waren und Dienstleistungen
Versorgung mit Flächen und Einrichtungen zur Freizeitgestaltung

9 Indizes zu W2:

Technische Bebaubarkeit
Technische Ver- und Entsorgung

Verkehrliche Erschließung
Nutzungsbeschränkungen
Umweltqualität
Versorgung mit Kultur- und Bildungseinrichtungen
Versorgung mit Waren und Dienstleistungen
Versorgung mit Arbeitsplätzen
Versorgung mit Flächen und Einrichtungen zur Freizeitgestaltung

9 Indizes zu W3:

Technische Bebaubarkeit
Technische Ver- und Entsorgung
Verkehrliche Erschließung
Nutzungsbeschränkungen
Umweltqualität
Versorgung mit Kultur- und Bildungseinrichtungen
Versorgung mit Waren und Dienstleistungen
Versorgung mit Arbeitsplätzen
Versorgung mit Flächen und Einrichtungen zur Freizeitgestaltung

9 Indizes zu W4:

Technische Bebaubarkeit
Technische Ver- und Entsorgung
Verkehrliche Erschließung
Nutzungsbeschränkungen
Umweltqualität
Versorgung mit Kultur- und Bildungseinrichtungen
Versorgung mit Waren und Dienstleistungen
Versorgung mit Arbeitsplätzen
Versorgung mit Flächen und Einrichtungen zur Freizeitgestaltung

7 Indizes zu T1:

Technische Bebaubarkeit
Technische Ver- und Entsorgung
Verkehrliche Erschließung

Nutzungsbeschränkungen
Umweltqualität
Versorgung mit Waren und Dienstleistungen
Bevölkerungspotential

                7 Indizes zu T2:

Technische Bebaubarkeit
Technische Ver- und Entsorgung
Verkehrliche Erschließung
Nutzungsbeschränkungen
Umweltqualität
Versorgung mit Waren und Dienstleistungen
Bevölkerungspotential

                6 Indizes zu T3:

Technische Bebaubarkeit
Technische Ver- und Entsorgung
Verkehrliche Erschließung
Nutzungsbeschränkungen
Versorgung mit Waren und Dienstleistungen
Bevölkerungspotential

                5 Indizes zu T4:

Technische Bebaubarkeit
Technische Ver- und Entsorgung
Verkehrliche Erschließung
Nutzungsbeschränkungen
Versorgung mit Waren und Dienstleistungen

                7 Indizes zu F1:

Verkehrliche Erschließung
Nutzungsbeschränkungen

Umweltqualität
Bevölkerungspotential
Landschaftspotential
Freizeitinfrastrukturausstattung
Versorgung mit Waren und Dienstleistungen

6 Indizes zu F2:

Technische Bebaubarkeit
Technische Ver- und Entsorgung
Nutzungsbeschränkungen
Umweltqualität
Versorgung mit Waren und Dienstleistungen
Bevölkerungspotential

7 Indizes zu F3:

Verkehrliche Erschließung
Nutzungsbeschränkungen
Umweltqualität
Landschaftspotential
Freizeitinfrastrukturausstattung
Versorgung mit Waren und Dienstleistungen
Bevölkerungspotential

7 Indizes zu F4:

Technische Bebaubarkeit
Technische Ver- und Entsorgung
Verkehrliche Erschließung
Nutzungsbeschränkungen
Umweltqualität
Versorgung mit Waren und Dienstleistungen
Bevölkerungspotential

6 Indizes zu F5:

Verkehrliche Erschließung
Nutzungsbeschränkungen

Umweltqualität
Landschaftspotential
Freizeitinfrastrukturausstattung
Versorgung mit Waren und Dienstleistungen

7 Indizes zu G1:

Technische Bebaubarkeit
Technische Ver- und Entsorgung
Verkehrliche Erschließung
Nutzungsbeschränkungen
Versorgung mit Waren und Dienstleistungen
Bevölkerungspotential
Fühlungsvorteile

6 Indizes zu G2:

Technische Bebaubarkeit
Technische Ver- und Entsorgung
Verkehrliche Erschließung
Nutzungsbeschränkungen
Versorgung mit Waren und Dienstleistungen
Fühlungsvorteile

5 Indizes zu G3:

Technische Bebaubarkeit
Technische Ver- und Entsorgung
Verkehrliche Erschließung
Nutzungsbeschränkungen
Fühlungsvorteile

B. Ergebnisse für das Institut für Raumplanung

```
NUTZUNGSART:
W1
DELPHI-RUNDE:
INSTITUT RP UNIDO
ANZAHL DER ENTSCHEIDUNGSTRAEGER: N = 9
ANZAHL DER ALTERNATIVEN: M = 8
```

GEWICHTE BEI DER DELPHI-RUNDE:

BEWERTER	MERKMAL 1	MERKMAL 2	MERKMAL 3	MERKMAL 4	MERKMAL 5	MERKMAL 6	MERKMAL 7	MERKMAL 8
F.M.	5	10	5	20	15	20	20	5
K.K.	5	10	15	10	25	20	10	5
B.G.	20	10	15	10	20	10	10	5
HG.T.	15	15	5	15	20	10	10	10
E.R.	15	5	30	2	35	3	8	2
M.P.	5	10	10	30	10	15	15	5
W.K.	5	10	10	0	50	5	10	10
U.VP.	5	10	20	10	20	10	15	10
H.E.	15	10	10	10	30	10	10	5

ABSTIMMUNGSERGEBNISSE:

	MERKMAL 1	MERKMAL 2	MERKMAL 3	MERKMAL 4	MERKMAL 5	MERKMAL 6	MERKMAL 7	MERKMAL 8
MERKMAL 1 >	0	3	3	4	0	4	4	4
MERKMAL 2 >	5	0	2	2	0	3	1	7
MERKMAL 3 >	5	4	0	5	0	4	4	6
MERKMAL 4 >	4	2	3	0	2	2	2	6
MERKMAL 5 >	8	8	7	7	0	7	7	9
MERKMAL 6 >	4	3	4	3	2	0	1	6
MERKMAL 7 >	5	4	3	3	2	3	0	7
MERKMAL 8 >	2	0	1	1	0	1	0	0

KOLLEKTIVE NUTZENSKALA:

KNS	134	136	140	133	147	134	139	128

DELPHI-GEWICHTE (1.RUNDE; ABW.MAX. 90%):

DEL1	8.75	10.00	11.25	11.00	21.88	11.44	12.00	6.33

Es gibt mehr als einen P_I-optimalen Kompromiß und damit mehrere KNS-Skalen.

NUTZUNGSART:
W2
DELPHI-RUNDE:
INSTITUT RP UNIDO
ANZAHL DER ENTSCHEIDUNGSTRAEGER: N = 9
ANZAHL DER ALTERNATIVEN: M = 9

GEWICHTE BEI DER DELPHI-RUNDE:

BEWERTER	MERKMAL 1	MERKMAL 2	MERKMAL 3	MERKMAL 4	MERKMAL 5	MERKMAL 6	MERKMAL 7	MERKMAL 8	MERKMAL 9
F.M.	5	5	15	10	20	15	15	5	10
K.K.	5	5	15	5	15	15	15	10	15
B.G.	15	10	20	5	15	15	10	5	5
HG.T.	10	10	15	10	15	5	10	5	20
E.R.	1	10	10	1	15	3	25	20	15
M.P.	10	5	10	20	10	15	15	5	10
W.K.	5	5	5	10	50	5	10	0	10
U.VP.	5	10	15	10	15	10	10	10	15
H.E.	15	10	10	10	20	10	10	5	10

ABSTIMMUNGSERGEBNISSE:

	MERKMAL 1	MERKMAL 2	MERKMAL 3	MERKMAL 4	MERKMAL 5	MERKMAL 6	MERKMAL 7	MERKMAL 8	MERKMAL 9
MERKMAL 1 >	0	3	1	2	0	2	2	5	2
MERKMAL 2 >	2	0	0	2	0	2	0	4	1
MERKMAL 3 >	6	6	0	6	1	4	3	8	2
MERKMAL 4 >	4	3	2	0	1	3	1	5	1
MERKMAL 5 >	7	9	4	8	0	6	6	8	4
MERKMAL 6 >	5	4	1	4	1	0	1	6	3
MERKMAL 7 >	6	5	3	4	2	3	0	8	4
MERKMAL 8 >	3	2	1	2	1	1	0	0	1
MERKMAL 9 >	6	7	3	4	1	4	2	7	0

KOLLEKTIVE NUTZENSKALA:

| KNS | 176 | 175 | 182 | 178 | 189 | 179 | 185 | 173 | 183 |

DELPHI-GEWICHTE (1.RUNDE; ABW.MAX. 90%):

| DEL1 | 5.86 | 7.78 | 12.78 | 7.63 | 15.63 | 10.33 | 13.33 | 6.43 | 12.22 |

KORRELATIONSKOEFFIZIENT (DEL1 UND KNS) R = 0.955
ANTEIL DER INDIFFERENZEN: 25%

```
NUTZUNGSART:
W3
DELPHI-RUNDE:
INSTITUT RP UNIDO
ANZAHL DER ENTSCHEIDUNGSTRAEGER: N = 9
ANZAHL DER ALTERNATIVEN: M = 9


GEWICHTE BEI DER DELPHI-RUNDE:

BEWERTER   MERKMAL 1  MERKMAL 2  MERKMAL 3  MERKMAL 4  MERKMAL 5  MERKMAL 6  MERKMAL 7  MERKMAL 8  MERKMAL 9
F.M.           5          5         20          5         15         15         15          5         15
K.K.           5          5         10          5         20         15         10         10         20
B.G.          10         15         20          5         10         10         15          5         10
HG.T.          8          4         10          4         10         20         15         15         14
E.R.           4          4         20          1         15         11         10         10         25
M.P.          15          5          5         15         10         15         10         10         15
W.K.           5          5          5         15         45         15          5          0          5
U.VP.          1          9         15         10         15         15         15          5         15
H.E.           9          9         15          9          8         15         15          5         15


ABSTIMMUNGSERGEBNISSE:

          MERKMAL 1  MERKMAL 2  MERKMAL 3  MERKMAL 4  MERKMAL 5  MERKMAL 6  MERKMAL 7  MERKMAL 8  MERKMAL 9
MERKMAL 1 >   0          2          1          3          2          0          1          4          0
MERKMAL 2 >   2          0          0          2          2          1          0          4          1
MERKMAL 3 >   7          7          0          7          4          3          3          6          2
MERKMAL 4 >   2          3          2          0          2          0          2          4          1
MERKMAL 5 >   6          7          3          7          0          3          3          7          1
MERKMAL 6 >   7          8          4          7          3          0          5          9          2
MERKMAL 7 >   7          7          2          7          3          1          0          5          2
MERKMAL 8 >   4          4          2          3          1          0          0          0          1
MERKMAL 9 >   6          7          4          7          4          2          3          8          0


KOLLEKTIVE NUTZENSKALA:

   KNS       185        183        192        184        191        194        191        183        194
DELPHI-GEWICHTE (1.RUNDE; ABW.MAX.   90%):
   DEL1      5.88       5.75      13.33       5.57      12.88      14.56      12.22       7.14      14.89
```

Es gibt mehr als einen P_1-optimalen Kompromiß und damit mehrere KNS-Skalen.

```
NUTZUNGSART:
W4
DELPHI-RUNDE:
INSTITUT RP UNIDO
ANZAHL DER ENTSCHEIDUNGSTRAEGER: N = 9
ANZAHL DER ALTERNATIVEN: M = 9
```

GEWICHTE BEI DER DELPHI-RUNDE:

BEWERTER	MERKMAL 1	MERKMAL 2	MERKMAL 3	MERKMAL 4	MERKMAL 5	MERKMAL 6	MERKMAL 7	MERKMAL 8	MERKMAL 9
F.M.	5	5	20	5	15	15	15	5	15
K.K.	5	5	10	5	25	10	10	5	25
B.G.	5	15	30	5	5	15	15	5	5
HG.T.	10	5	12	5	8	20	20	8	12
E.R.	4	4	20	1	15	11	10	10	25
M.P.	20	5	5	10	10	10	10	10	20
W.K.	2	5	8	20	50	5	5	0	5
U.VP.	10	10	15	5	15	10	10	10	15
H.E.	6	6	20	5	8	15	15	10	15

ABSTIMMUNGSERGEBNISSE:

	MERKMAL 1	MERKMAL 2	MERKMAL 3	MERKMAL 4	MERKMAL 5	MERKMAL 6	MERKMAL 7	MERKMAL 8	MERKMAL 9
MERKMAL 1 >	0	2	1	5	2	1	1	3	0
MERKMAL 2 >	2	0	0	4	1	0	0	2	1
MERKMAL 3 >	8	8	0	7	5	6	6	8	4
MERKMAL 4 >	1	2	2	0	0	1	1	1	1
MERKMAL 5 >	6	8	3	7	0	4	4	5	1
MERKMAL 6 >	7	6	2	7	3	0	1	7	2
MERKMAL 7 >	7	7	6	2	7	3	0	0	6	2
MERKMAL 8 >	2	4	1	4	1	0	0	0	0
MERKMAL 9 >	7	7	3	7	4	4	4	8	0

KOLLEKTIVE NUTZENSKALA:

KNS	191	188	203	186	199	198	197	190	202

DELPHI-GEWICHTE (1.RUNDE; ABW.MAX. 90%):

DEL1	5.88	5.63	13.75	5.13	12.63	12.33	12.22	7.88	15.22

KORRELATIONSKOEFFIZIENT (DEL1 UND KNS) R = 0.970
ANTEIL DER INDIFFERENZEN: 23%

```
NUTZUNGSART:
T1
DELPHI-RUNDE:
INSTITUT RP UNIDO
ANZAHL DER ENTSCHEIDUNGSTRAEGER: N = 9
ANZAHL DER ALTERNATIVEN: M = 7


GEWICHTE BEI DER DELPHI-RUNDE:

BEWERTER   MERKMAL 1  MERKMAL 2  MERKMAL 3  MERKMAL 4  MERKMAL 5  MERKMAL 6  MERKMAL 7
  F.M.        10         10         15         15         15         15         20
  K.K.         1          9         25         10         10          5         40
  B.G.         5         20         30          5          5         15         20
  HG.T.        5         10         25          5         10         15         30
  E.R.         1          3         10          1          5         15         65
  M.P.        10          5         15         25          5         15         25
  W.K.        10         15         20          5         10         20         20
  U.VP.        5         15         25         10         10         15         20
  H.E.        10         10         20         10         10         15         25


ABSTIMMUNGSERGEBNISSE:

            MERKMAL 1  MERKMAL 2  MERKMAL 3  MERKMAL 4  MERKMAL 5  MERKMAL 6  MERKMAL 7
MERKMAL 1 >     0          1          0          1          1          0          0
MERKMAL 2 >     6          0          0          5          3          2          0
MERKMAL 3 >     9          9          0          7          8          5          2
MERKMAL 4 >     4          3          1          0          1          2          0
MERKMAL 5 >     5          3          0          3          0          1          0
MERKMAL 6 >     9          6          1          6          7          0          0
MERKMAL 7 >     9          8          6          8          9          8          0


KOLLEKTIVE NUTZENSKALA:

     KNS      123        128        136        126        128        132        140

DELPHI-GEWICHTE (1.RUNDE; ABW.MAX.   90%):

    DEL1     6.33       10.78      20.56       7.63       8.89      14.44      25.00
```

Es gibt mehr als einen P_1-optimalen Kompromiß und damit mehrere KNS-Skalen.

```
NUTZUNGSART:
T2
DELPHI-RUNDE:
INSTITUT RP UNIDO
ANZAHL DER ENTSCHEIDUNGSTRAEGER: N =  9
ANZAHL DER ALTERNATIVEN: M = 7


GEWICHTE BEI DER DELPHI-RUNDE:

   BEWERTER   MERKMAL 1  MERKMAL 2  MERKMAL 3  MERKMAL 4  MERKMAL 5  MERKMAL 6  MERKMAL 7
      F.M.       10         10         20         15         10         15         20
      K.K.        1          9         20         10         15         15         30
      B.G.       10         15         35          5          0         15         20
      HG.T.       5         10         25          2          8         25         25
      E.R.        1          2         35          1          1         15         45
      M.P.       10          5         15         15          5         20         30
      W.K.       10         15         20          5         30         10         10
      U.VP.       5         10         25         15         15         10         20
      H.E.       10         10         15         10          5         25         25


ABSTIMMUNGSERGEBNISSE:

              MERKMAL 1  MERKMAL 2  MERKMAL 3  MERKMAL 4  MERKMAL 5  MERKMAL 6  MERKMAL 7
  MERKMAL 1 >     0          1          0          3          3          0          0
  MERKMAL 2 >     6          0          0          4          4          1          1
  MERKMAL 3 >     9          9          0          8          8          6          3
  MERKMAL 4 >     4          4          0          0          4          1          0
  MERKMAL 5 >     4          3          1          3          0          2          1
  MERKMAL 6 >     8          6          2          7          6          0          0
  MERKMAL 7 >     8          8          4          9          8          6          0


KOLLEKTIVE NUTZENSKALA:

    KNS        124        126        135        126        125        131        136

DELPHI-GEWICHTE (1.RUNDE; ABW.MAX.   90%):

    DEL1       6.89       9.56      23.33       8.67       8.43      16.67      25.00
```

Es gibt mehr als einen P_1-optimalen Kompromiß und damit mehrere KNS-Skalen.

```
NUTZUNGSART:
T3
DELPHI-RUNDE:
INSTITUT RP UNIDO
ANZAHL DER ENTSCHEIDUNGSTRAEGER: N = 9
ANZAHL DER ALTERNATIVEN: M = 6


GEWICHTE BEI DER DELPHI-RUNDE:

    BEWERTER   MERKMAL 1  MERKMAL 2  MERKMAL 3  MERKMAL 4  MERKMAL 5  MERKMAL 6
      F.M.         5          5         30         15         25         20
      K.K.         1          9         25         10         35         20
      B.G.        10         20         40          5          5         20
      HG.T.        1          1         50          0         25         23
      E.R.         1          9         40          0         40         10
      M.P.        10          5         25         15         20         25
      W.K.         5         10         30         10         15         30
      U.VP.        5         15         35          5         10         30
      H.E.         5          5         40         10         25         15

ABSTIMMUNGSERGEBNISSE:

               MERKMAL 1  MERKMAL 2  MERKMAL 3  MERKMAL 4  MERKMAL 5  MERKMAL 6
MERKMAL 1 >        0          1          0          3          1          0
MERKMAL 2 >        5          0          0          4          2          0
MERKMAL 3 >        9          9          0          9          7          7
MERKMAL 4 >        5          4          0          0          0          0
MERKMAL 5 >        8          7          1          8          0          5
MERKMAL 6 >        9          8          0          9          4          0


KOLLEKTIVE NUTZENSKALA:

      KNS        92         94        109         94        103        102

   DELPHI-GEWICHTE (1.RUNDE; ABW.MAX.   90%):

      DEL1      3.29       7.38      35.00       8.00      22.22      21.44
```

Es gibt mehr als einen P_1-optimalen Kompromiß und damit mehrere KNS-Skalen.

```
NUTZUNGSART:
T4
DELPHI-RUNDE:
INSTITUT RP UNIDO
ANZAHL DER ENTSCHEIDUNGSTRAEGER: N =  9
ANZAHL DER ALTERNATIVEN: M = 5


GEWICHTE BEI DER DELPHI-RUNDE:

    BEWERTER   MERKMAL 1  MERKMAL 2  MERKMAL 3  MERKMAL 4  MERKMAL 5
      F.M.        10         10         35         15         30
      K.K.         1         10         30          9         50
      B.G.         5         20         40         15         20
      HG.T.        5          5         75          5         10
      E.R.         5         15         50          0         30
      M.P.        10          5         40          5         40
      W.K.         0         40         40         20          0
      U.VP.       10         20         35         15         20
      H.E.         8          7         60          5         20


ABSTIMMUNGSERGEBNISSE:

              MERKMAL 1  MERKMAL 2  MERKMAL 3  MERKMAL 4  MERKMAL 5
  MERKMAL 1 >     0          2          0          3          0
  MERKMAL 2 >     5          0          0          6          1
  MERKMAL 3 >     9          8          0          9          7
  MERKMAL 4 >     5          1          0          0          1
  MERKMAL 5 >     8          6          1          8          0


KOLLEKTIVE NUTZENSKALA:

     KNS        53         60         71         55         65

DELPHI-GEWICHTE (1.RUNDE; ABW.MAX.  90%):

     DEL1      6.75      11.50      45.00       9.86      24.29

KORRELATIONSKOEFFIZIENT (DEL1 UND KNS) R = 0.953
ANTEIL DER INDIFFERENZEN: 11%
```

```
NUTZUNGSART:
F1
DELPHI-RUNDE:
INSTITUT RP UNIDO
ANZAHL DER ENTSCHEIDUNGSTRAEGER: N =  9
ANZAHL DER ALTERNATIVEN: M = 7


GEWICHTE BEI DER DELPHI-RUNDE:

      BEWERTER  MERKMAL 1  MERKMAL 2  MERKMAL 3  MERKMAL 4  MERKMAL 5  MERKMAL 6  MERKMAL 7
         F.M.      10         20         10         20         15         15         10
         K.K.       5         35         20         15         10          5         10
         B.G.      10          5         15         25         10         15         20
         HG.T.     10         10         20         10         30         20          0
         E.R.      10          5         60         10         10          5          0
         M.P.     15         20         20         15          5         15         10
         W.K.      5          0         50         10         20         10          5
         U.VP.   15         10         30         10         15         15          5
         H.E.      5         10         20         30         15         10         10


ABSTIMMUNGSERGEBNISSE:

              MERKMAL 1  MERKMAL 2  MERKMAL 3  MERKMAL 4  MERKMAL 5  MERKMAL 6  MERKMAL 7
MERKMAL 1 >       0          4          0          1          1          1          4
MERKMAL 2 >       4          0          2          2          3          3          6
MERKMAL 3 >       8          6          0          6          7          6          7
MERKMAL 4 >       5          4          3          0          5          5          9
MERKMAL 5 >       4          6          2          3          0          5          6
MERKMAL 6 >       5          4          1          2          2          0          6
MERKMAL 7 >       3          2          1          0          2          2          0


KOLLEKTIVE NUTZENSKALA:

       KNS        107        107        119        116        114        111        103

DELPHI-GEWICHTE (1.RUNDE; ABW.MAX.   90%):

       DEL1       9.44      11.43      23.13      16.11      12.50      12.22       8.33
```

Es gibt mehr als einen P_1-optimalen Kompromiß und damit mehrere KNS-Skalen.

NUTZUNGSART:
F2
DELPHI-RUNDE:
INSTITUT RP UNIDO
ANZAHL DER ENTSCHEIDUNGSTRAEGER: N = 9
ANZAHL DER ALTERNATIVEN: M = 6

GEWICHTE BEI DER DELPHI-RUNDE:

BEWERTER	MERKMAL 1	MERKMAL 2	MERKMAL 3	MERKMAL 4	MERKMAL 5	MERKMAL 6
F.M.	5	10	25	15	20	25
K.K.	1	4	20	25	25	25
B.G.	15	15	5	15	25	25
HG.T.	10	5	20	35	0	30
E.R.	10	5	5	10	10	60
M.P.	10	10	15	15	20	30
W.K.	0	10	10	50	10	20
U.VP.	10	20	20	20	10	20
H.E.	8	7	20	15	20	30

ABSTIMMUNGSERGEBNISSE:

	MERKMAL 1	MERKMAL 2	MERKMAL 3	MERKMAL 4	MERKMAL 5	MERKMAL 6
MERKMAL 1 >	0	3	2	0	1	0
MERKMAL 2 >	4	0	1	0	2	0
MERKMAL 3 >	7	5	0	2	3	0
MERKMAL 4 >	7	7	5	0	3	2
MERKMAL 5 >	6	6	4	4	0	0
MERKMAL 6 >	9	8	7	5	7	0

KOLLEKTIVE NUTZENSKALA:

KNS	75	76	80	83	84	91

DELPHI-GEWICHTE (1.RUNDE; ABW.MAX. 90%):

DEL1	7.71	8.25	15.56	18.75	17.50	25.63

KORRELATIONSKOEFFIZIENT (DEL1 UND KNS) R = 0.983
ANTEIL DER INDIFFERENZEN: 18%

```
NUTZUNGSART:
F3
DELPHI-RUNDE:
INSTITUT RP UNIDO
ANZAHL DER ENTSCHEIDUNGSTRAEGER: N = 9
ANZAHL DER ALTERNATIVEN: M = 7
```

GEWICHTE BEI DER DELPHI-RUNDE:

BEWERTER	MERKMAL 1	MERKMAL 2	MERKMAL 3	MERKMAL 4	MERKMAL 5	MERKMAL 6	MERKMAL 7
F.M.	15	10	15	20	15	10	15
K.K.	10	10	20	25	25	5	5
B.G.	20	5	15	15	15	15	15
HG.T.	30	12	10	40	0	0	8
E.R.	20	5	35	30	5	0	5
M.P.	20	15	15	20	10	5	15
W.K.	5	0	50	20	10	5	10
U.VP.	20	15	20	20	10	5	10
H.E.	10	10	20	15	15	10	20

ABSTIMMUNGSERGEBNISSE:

	MERKMAL 1	MERKMAL 2	MERKMAL 3	MERKMAL 4	MERKMAL 5	MERKMAL 6	MERKMAL 7
MERKMAL 1 >	0	7	3	1	5	7	6
MERKMAL 2 >	0	0	1	0	3	5	3
MERKMAL 3 >	4	7	0	3	6	8	5
MERKMAL 4 >	6	9	4	0	6	8	7
MERKMAL 5 >	3	5	1	0	0	7	1
MERKMAL 6 >	0	2	0	0	0	0	0
MERKMAL 7 >	2	4	0	1	3	7	0

KOLLEKTIVE NUTZENSKALA:

KNS	124	116	125	126	118	113	120

DELPHI-GEWICHTE (1.RUNDE; ABW.MAX. 90%):

DEL1	16.67	10.25	18.75	22.78	11.43	6.67	11.44

KORRELATIONSKOEFFIZIENT (DEL1 UND KNS) R = 0.960
ANTEIL DER INDIFFERENZEN: 20%

```
NUTZUNGSART:
F4
DELPHI-RUNDE:
INSTITUT RP UNIDO
ANZAHL DER ENTSCHEIDUNGSTRAEGER: N =  9
ANZAHL DER ALTERNATIVEN: M = 7


GEWICHTE BEI DER DELPHI-RUNDE:

   BEWERTER    MERKMAL 1  MERKMAL 2  MERKMAL 3  MERKMAL 4  MERKMAL 5  MERKMAL 6  MERKMAL 7
     F.M.         15         10         20         10         15         15         15
     K.K.         10         20         10         20         20         10         10
     B.G.         20         15         20          5         10         15         15
     HG.T.        10          0         40          5          5          0         40
     E.R.          2          2         70          2          2          2         20
     M.P.         15         10         25         10         10         10         20
     W.K.         10         10         20         10         30         10         10
     U.VP.         5         20         20         10         25          5         15
     H.E.          5          5         30         10         20         20         10

ABSTIMMUNGSERGEBNISSE:

             MERKMAL 1  MERKMAL 2  MERKMAL 3  MERKMAL 4  MERKMAL 5  MERKMAL 6  MERKMAL 7
MERKMAL 1 >      0          4          0          4          3          3          1
MERKMAL 2 >      2          0          1          2          1          2          2
MERKMAL 3 >      7          7          0          8          6          8          7
MERKMAL 4 >      3          2          1          0          0          3          1
MERKMAL 5 >      4          5          3          5          0          4          4
MERKMAL 6 >      1          2          0          3          1          0          1
MERKMAL 7 >      5          5          0          6          4          4          0


KOLLEKTIVE NUTZENSKALA:

     KNS        96         94        103         94        100         94        100

DELPHI-GEWICHTE (1.RUNDE; ABW.MAX.   90%):

     DEL1    ·  9.00       8.67      23.13       7.75      13.38       9.57      14.38
```

Es gibt mehr als einen P_1-optimalen Kompromiß und damit mehrere KNS-Skalen.

```
NUTZUNGSART:
F5
DELPHI-RUNDE:
INSTITUT RP UNIDO
ANZAHL DER ENTSCHEIDUNGSTRAEGER: N = 9
ANZAHL DER ALTERNATIVEN: M = 6


GEWICHTE BEI DER DELPHI-RUNDE:

    BEWERTER   MERKMAL 1  MERKMAL 2  MERKMAL 3  MERKMAL 4  MERKMAL 5  MERKMAL 6
    F.M.          30          5         20         15         15         15
    K.K.          14         20         25         15         25          1
    B.G.          25          5         15         20         20         15
    HG.T.         10         10         10         30         40          0
    E.R.          40          5         25         20         10          0
    M.P.          20         10         10         30         15         15
    W.K.          20          0         50         20         10          0
    U.VP.         20         15         25         20         20          0
    H.E.          20         10         15         30         20          5

ABSTIMMUNGSERGEBNISSE:

               MERKMAL 1  MERKMAL 2  MERKMAL 3  MERKMAL 4  MERKMAL 5  MERKMAL 6
  MERKMAL 1 >      0          7          5          3          5          9
  MERKMAL 2 >      1          0          0          1          0          5
  MERKMAL 3 >      3          7          0          5          4          7
  MERKMAL 4 >      4          8          4          0          4          8
  MERKMAL 5 >      2          9          4          2          0          7
  MERKMAL 6 >      0          3          1          0          0          0

KOLLEKTIVE NUTZENSKALA:

    KNS          93         80         92         91         89         78

DELPHI-GEWICHTE (1.RUNDE; ABW.MAX.    90%):

    DEL1        22.11       8.57      18.13      22.22      16.88       3.00
```

Es gibt mehr als einen P_1-optimalen Kompromiß und damit mehrere KNS-Skalen.

```
NUTZUNGSART:
G1
DELPHI-RUNDE:
INSTITUT RP UNIDO
ANZAHL DER ENTSCHEIDUNGSTRAEGER: N =  9
ANZAHL DER ALTERNATIVEN: M = 7


GEWICHTE BEI DER DELPHI-RUNDE:

    BEWERTER   MERKMAL 1  MERKMAL 2  MERKMAL 3  MERKMAL 4  MERKMAL 5  MERKMAL 6  MERKMAL 7
    F.M.           5         10         15         20         15         15         20
    K.K.          10         15         15         20         10         10         20
    B.G.          20         15         30          5         10         10         10
    HG.T.         20         20         30         10         10          0         10
    E.R.           4         15         20          1         40          5         15
    M.P.          10         10         20         15         10         25         10
    W.K.          10         40         40          5          0          0          5
    U.VP.          5         20         25         15         10         10         15
    H.E.          10         10         30         20         20          5          5

ABSTIMMUNGSERGEBNISSE:

               MERKMAL 1  MERKMAL 2  MERKMAL 3  MERKMAL 4  MERKMAL 5  MERKMAL 6  MERKMAL 7
 MERKMAL 1 >       0          1          0          4          3          4          4
 MERKMAL 2 >       5          0          0          5          5          7          5
 MERKMAL 3 >       9          7          0          7          7          7          7
 MERKMAL 4 >       5          4          2          0          5          6          2
 MERKMAL 5 >       4          3          1          2          0          3          2
 MERKMAL 6 >       4          2          1          3          1          0          1
 MERKMAL 7 >       4          2          2          2          4          6          0


KOLLEKTIVE NUTZENSKALA:

     KNS        103        107        114        106        104        103        106

DELPHI-GEWICHTE (1.RUNDE; ABW.MAX.   90%):

     DEL1       7.71      14.38      25.00      13.75      12.14       9.17      12.22
```

Es gibt mehr als einen P_1-optimalen Kompromiß und damit mehrere KNS-Skalen.

NUTZUNGSART:
G2
DELPHI-RUNDE:
INSTITUT RP UNIDO
ANZAHL DER ENTSCHEIDUNGSTRAEGER: N = 9
ANZAHL DER ALTERNATIVEN: M = 6

GEWICHTE BEI DER DELPHI-RUNDE:

BEWERTER	MERKMAL 1	MERKMAL 2	MERKMAL 3	MERKMAL 4	MERKMAL 5	MERKMAL 6
F.M.	10	10	20	20	20	20
K.K.	20	15	40	15	1	9
R.G.	20	20	35	10	5	10
HG.T.	15	30	25	10	0	20
E.R.	5	20	30	10	15	20
M.P.	20	25	25	10	10	10
W.K.	10	40	40	5	0	5
U.VP.	10	20	30	10	15	15
H.E.	20	20	20	10	15	15

ABSTIMMUNGSERGEBNISSE:

	MERKMAL 1	MERKMAL 2	MERKMAL 3	MERKMAL 4	MERKMAL 5	MERKMAL 6
MERKMAL 1 >	0	1	0	6	6	5
MERKMAL 2 >	5	0	1	7	8	7
MERKMAL 3 >	8	5	0	8	8	8
MERKMAL 4 >	2	1	0	0	4	1
MERKMAL 5 >	3	1	0	3	0	0
MERKMAL 6 >	4	1	0	4	5	0

KOLLEKTIVE NUTZENSKALA:

| KNS | 86 | 90 | 94 | 82 | 81 | 85 |

DELPHI-GEWICHTE (1.RUNDE; ABW.MAX. 90%):

| DEL1 | 14.44 | 22.22 | 29.44 | 11.11 | 10.17 | 13.78 |

KORRELATIONSKOEFFIZIENT (DEL1 UND KNS) R = 0.985
ANTEIL DER INDIFFERENZEN: 17%

```
NUTZUNGSART:
G3
DELPHI-RUNDE:
INSTITUT RP UNIDO
ANZAHL DER ENTSCHEIDUNGSTRAEGER: N = 9
ANZAHL DER ALTERNATIVEN: M = 5


GEWICHTE BEI DER DELPHI-RUNDE:

   BEWERTER   MERKMAL 1  MERKMAL 2  MERKMAL 3  MERKMAL 4  MERKMAL 5
     F.M.        25         15         30         10         20
     K.K.        35         15         25         20          5
     B.G.        25         25         40          5          5
     HG.T.       30         30         30          0         10
     E.R.         5         20         50         20          5
     M.P.        20         20         40          5         15
     W.K.        10         40         40          0         10
     U.VP.       15         25         35         10         15
     H.E.        35         20         30         10          5


ABSTIMMUNGSERGEBNISSE:

              MERKMAL 1  MERKMAL 2  MERKMAL 3  MERKMAL 4  MERKMAL 5
  MERKMAL 1 >    0          3          2          8          6
  MERKMAL 2 >    3          0          0          7          8
  MERKMAL 3 >    6          7          0          9          9
  MERKMAL 4 >    1          1          0          0          3
  MERKMAL 5 >    0          1          0          5          0


KOLLEKTIVE NUTZENSKALA:

     KNS         64         64         68         55         57

DELPHI-GEWICHTE (1.RUNDE; ABW.MAX. 90%):

     DEL1       22.22      23.33      35.56       8.00       8.75
```

Es gibt mehr als einen P_1-optimalen Kompromiß und damit mehrere KNS-Skalen.

C. Ergebnisse für die Gesamtrunde

NUTZUNGSART: W1
GEWICHTUNGEN:

BEWERTER	MERKMAL 1	MERKMAL 2	MERKMAL 3	MERKMAL 4	MERKMAL 5	MERKMAL 6	MERKMAL 7	MERKMAL 8
1	5	5	10	5	30	20	20	5
2	15	10	15	10	15	10	15	10
3	5	10	20	0	20	20	15	10
4	10	10	5	5	15	10	20	25
5	5	5	20	5	20	15	20	10
6	5	20	20	5	10	20	15	5
7	15	20	10	5	30	5	10	5
8	15	15	10	0	25	10	20	5
9	20	20	5	5	30	5	10	5
10	20	20	10	5	30	5	5	5
11	5	10	15	20	20	20	10	0
12	5	15	25	5	20	10	20	0
13	10	10	10	10	20	10	10	20
14	20	15	15	0	20	10	10	10
15	5	20	15	10	20	10	10	10
16	20	10	10	0	10	20	20	10
17	10	20	10	15	15	10	15	5
18	20	4	10	1	30	10	10	15
19	10	10	10	5	20	20	20	5
20	15	5	15	15	30	10	10	0
21	20	20	15	5	15	5	10	10
22	20	10	20	0	30	5	15	0
23	20	20	10	10	20	5	5	10
24	20	20	10	5	25	5	10	5
25	5	10	5	20	15	20	20	5
26	5	10	15	10	25	20	10	5
27	20	10	15	10	20	10	10	5
28	15	15	5	15	20	10	10	10
29	15	5	30	2	35	3	8	2
30	5	10	10	30	10	15	15	5
31	5	10	10	0	50	5	10	10
32	5	10	20	10	20	10	15	10
33	15	10	10	10	30	10	10	5

ABSTIMMUNGSERGEBNISSE:

	MERKMAL 1	MERKMAL 2	MERKMAL 3	MERKMAL 4	MERKMAL 5	MERKMAL 6	MERKMAL 7	MERKMAL 8
MERKMAL 1 >	0	9	14	19	2	16	14	21
MERKMAL 2 >	12	0	12	20	3	15	11	23
MERKMAL 3 >	12	13	0	22	2	16	15	24
MERKMAL 4 >	7	4	5	0	2	5	5	10
MERKMAL 5 >	27	26	24	29	0	26	23	30
MERKMAL 6 >	12	11	9	15	4	0	4	18
MERKMAL 7 >	16	16	10	20	5	14	0	23
MERKMAL 8 >	7	4	4	10	1	6	4	0

KOLLEKTIVE NUTZENSKALA:

KNS	511	514	523	497	545	507	519	497

DELPHI-GEWICHTE (ABW.MAX. 9C%):

DEL	12.27	12.55	12.66	6.57	21.72	11.30	13.12	7.00

Es gibt mehr als einen P_1-optimalen Kompromiß und damit mehrere KNS-Skalen.

NUTZUNGSART: W2
GEWICHTUNGEN:

BEWERTER	MERKMAL 1	MERKMAL 2	MERKMAL 3	MERKMAL 4	MERKMAL 5	MERKMAL 6	MERKMAL 7	MERKMAL 8	MERKMAL 9
1	5	10	10	0	30	10	20	5	10
2	20	5	20	5	15	10	5	5	15
3	5	5	10	5	15	20	20	10	10
4	5	10	10	5	15	15	15	5	20
5	0	5	15	0	15	15	10	25	15
6	5	20	20	5	10	10	15	5	10
7	9	10	12	9	20	10	15	5	10
8	0	10	30	0	20	10	20	10	0
9	10	20	10	5	25	10	10	5	5
10	25	20	15	25	5	5	5	0	0
11	5	15	15	10	15	15	15	5	5
12	5	5	20	5	10	15	15	20	5
13	5	5	10	10	20	10	5	5	30
14	10	10	20	0	10	10	10	20	10
15	5	20	20	5	20	10	10	5	5
16	0	10	20	0	10	30	20	0	10
17	10	20	15	10	10	10	10	5	10
18	5	2	10	3	20	10	20	20	10
19	10	5	20	0	20	20	20	0	5
20	5	10	10	5	15	20	20	10	5
21	10	10	10	10	10	10	10	10	20
22	20	10	10	0	5	20	20	10	5
23	15	20	15	10	10	5	10	10	5
24	20	20	10	0	15	10	10	5	10
25	5	5	15	10	20	15	15	5	10
26	5	5	15	5	15	15	15	10	15
27	15	10	20	5	15	15	10	5	5
28	10	10	15	10	15	5	10	5	20
29	1	10	10	1	15	3	25	20	15
30	10	5	10	20	10	15	15	5	10
31	5	5	5	10	50	5	10	0	10
32	5	10	15	10	15	10	10	10	15
33	15	10	10	10	20	10	10	5	10

ABSTIMMUNGSERGEBNISSE:

	MERKMAL 1	MERKMAL 2	MERKMAL 3	MERKMAL 4	MERKMAL 5	MERKMAL 6	MERKMAL 7	MERKMAL 8	MERKMAL 9
MERKMAL 1 >	0	8	4	11	5	6	6	14	9
MERKMAL 2 >	15	0	5	19	6	9	7	17	12
MERKMAL 3 >	23	17	0	27	11	14	14	24	18
MERKMAL 4 >	6	6	3	0	2	5	3	10	4
MERKMAL 5 >	23	22	13	28	0	16	14	25	18
MERKMAL 6 >	20	15	6	23	6	0	5	23	14
MERKMAL 7 >	20	17	10	22	8	9	0	24	20
MERKMAL 8 >	10	7	3	12	5	6	3	0	9
MERKMAL 9 >	16	14	6	19	4	8	7	18	0

KOLLEKTIVE NUTZENSKALA:

| KNS | 633 | 640 | 656 | 627 | 658 | 648 | 652 | 629 | 642 |

DELPHI-GEWICHTE (ABW.MAX. 90%):

| DEL | 7.50 | 7.96 | 13.81 | 7.09 | 15.16 | 11.66 | 13.64 | 6.67 | 9.26 |

KORRELATIONSKOEFFIZIENT (DEL UND KNS) R = 0.967
ANTEIL DER INDIFFERENZEN: 25%

NUTZUNGSART: W3
GEWICHTUNGEN:

BEWERTER	MERKMAL 1	MERKMAL 2	MERKMAL 3	MERKMAL 4	MERKMAL 5	MERKMAL 6	MERKMAL 7	MERKMAL 8	MERKMAL 9
1	5	5	15	5	20	0	20	10	20
2	20	5	20	5	15	10	10	5	10
3	5	0	20	0	5	15	20	20	15
4	5	10	15	5	15	15	15	5	15
5	5	0	15	0	10	20	20	20	10
6	5	10	15	5	10	15	15	5	20
7	7	10	18	4	20	10	18	3	10
8	5	5	20	0	20	10	20	10	10
9	10	15	10	5	20	10	15	10	5
10	20	20	20	20	10	10	0	0	0
11	5	10	15	10	10	15	10	5	20
12	5	5	15	5	5	15	30	15	5
13	10	5	10	5	20	10	10	10	20
14	5	15	20	0	5	15	10	20	10
15	5	15	15	5	10	20	10	5	15
16	0	10	10	0	5	40	25	10	0
17	10	10	20	5	15	10	10	10	10
18	10	5	10	2	3	20	20	20	10
19	10	9	18	0	18	18	18	0	9
20	5	10	15	5	10	23	20	10	5
21	10	10	10	10	10	15	10	10	15
22	15	5	15	0	5	20	20	10	10
23	15	20	15	10	10	5	10	10	5
24	20	10	10	0	10	20	10	10	10
25	5	5	20	5	15	15	15	5	15
26	5	5	10	5	20	15	10	10	20
27	10	15	20	5	10	10	15	5	10
28	8	4	10	4	10	20	15	15	14
29	4	4	20	1	15	11	10	10	25
30	15	5	5	15	10	15	10	10	15
31	5	5	5	15	45	15	5	0	5
32	1	9	15	10	15	15	15	5	15
33	9	9	15	9	8	15	15	5	15

ABSTIMMUNGSERGEBNISSE:

	MERKMAL 1	MERKMAL 2	MERKMAL 3	MERKMAL 4	MERKMAL 5	MERKMAL 6	MERKMAL 7	MERKMAL 8	MERKMAL 9
MERKMAL 1 >	0	10	2	17	8	4	5	11	7
MERKMAL 2 >	12	0	2	17	8	5	4	13	7
MERKMAL 3 >	22	24	0	29	19	12	10	20	17
MERKMAL 4 >	3	3	2	0	3	3	3	7	3
MERKMAL 5 >	20	18	7	26	0	11	9	20	11
MERKMAL 6 >	23	25	12	28	16	0	12	22	14
MERKMAL 7 >	24	22	10	27	12	8	0	19	14
MERKMAL 8 >	13	13	4	17	8	4	1	0	10
MERKMAL 9 >	18	19	9	25	12	6	8	18	0

KOLLEKTIVE NUTZENSKALA:

| KNS | 653 | 655 | 676 | 639 | 665 | 676 | 672 | 655 | 666 |

DELPHI-GEWICHTE (ABW.MAX. 90%):

| DEL | 7.39 | 8.28 | 14.73 | 5.68 | 12.00 | 14.48 | 14.39 | 8.38 | 12.27 |

Es gibt mehr als einen P_1-optimalen Kompromiß und damit mehrere KNS-Skalen.

NUTZUNGSART: W4
GEWICHTUNGEN:

BEWERTER	MERKMAL 1	MERKMAL 2	MERKMAL 3	MERKMAL 4	MERKMAL 5	MERKMAL 6	MERKMAL 7	MERKMAL 8	MERKMAL 9
1	10	5	10	0	20	10	20	5	20
2	15	5	20	5	20	15	10	0	10
3	10	0	20	0	10	20	20	10	10
4	5	10	20	5	10	10	15	5	20
5	5	0	10	10	15	10	20	20	10
6	11	11	11	11	11	11	11	11	12
7	7	8	15	5	20	15	15	3	12
8	5	5	10	0	15	10	15	20	20
9	5	10	15	5	15	15	15	10	10
10	20	20	20	20	20	0	0	0	0
11	5	15	20	5	10	10	15	10	10
12	15	5	10	2	3	10	35	10	10
13	5	5	5	5	30	10	10	0	30
14	5	10	15	0	5	15	20	20	10
15	10	10	10	5	10	10	10	5	30
16	0	10	10	0	5	40	30	0	5
17	5	10	20	5	10	15	15	10	10
18	10	5	15	20	2	5	15	25	3
19	10	9	18	0	18	18	18	0	9
20	5	5	20	5	15	15	15	15	5
21	10	10	10	10	10	15	10	10	15
22	10	5	30	0	5	15	20	10	5
23	15	20	15	10	10	5	10	10	5
24	15	10	10	0	20	10	15	10	10
25	5	5	20	5	15	15	15	5	15
26	5	5	10	5	25	10	10	5	25
27	5	15	30	5	5	15	15	5	5
28	10	5	12	5	8	20	20	8	12
29	4	4	20	1	15	11	10	10	25
30	20	5	5	10	10	10	10	10	20
31	2	5	8	20	50	5	5	0	5
32	10	10	15	5	15	10	10	10	15
33	6	6	20	5	9	15	10	10	15

ABSTIMMUNGSERGEBNISSE:

	MERKMAL 1	MERKMAL 2	MERKMAL 3	MERKMAL 4	MERKMAL 5	MERKMAL 6	MERKMAL 7	MERKMAL 8	MERKMAL 9
MERKMAL 1 >	0	11	3	17	6	6	4	13	8
MERKMAL 2 >	10	0	1	19	7	3	2	12	6
MERKMAL 3 >	23	24	0	25	16	15	14	24	18
MERKMAL 4 >	3	4	3	0	1	4	3	5	4
MERKMAL 5 >	20	19	9	26	0	13	9	16	10
MERKMAL 6 >	22	22	5	26	11	0	4	20	13
MERKMAL 7 >	24	24	10	26	13	11	0	21	17
MERKMAL 8 >	10	12	5	17	7	5	2	0	6
MERKMAL 9 >	21	19	9	26	12	10	10	18	0

KOLLEKTIVE NUTZENSKALA:

KNS	651	650	675	638	667	667	671	650	664

DELPHI-GEWICHTE (ABW.MAX. 90%):

DEL	8.00	7.69	14.16	5.62	12.26	12.26	14.13	8.57	11.00

Es gibt mehr als einen P_1-optimalen Kompromiß und damit mehrere KNS-Skalen.

NUTZUNGSAFT: T1
GEWICHTUNGEN:

BEWERTER	MERKMAL 1	MERKMAL 2	MERKMAL 3	MERKMAL 4	MERKMAL 5	MERKMAL 6	MERKMAL 7
1	5	5	5	5	0	20	60
2	10	10	10	10	10	25	25
3	5	10	20	5	0	20	40
4	5	10	10	5	5	25	40
5	0	10	15	5	0	25	45
6	10	20	15	15	20	15	5
7	10	10	20	20	20	20	0
8	10	15	25	5	25	15	5
9	8	5	10	15	2	20	40
10	10	20	10	0	30	10	20
11	15	15	0	10	20	15	25
12	10	20	20	5	10	5	30
13	10	10	30	10	10	30	0
14	10	30	20	8	10	2	20
15	5	20	20	10	10	30	5
16	10	10	40	10	10	10	10
17	5	10	20	5	10	30	20
18	10	10	20	10	20	20	10
19	10	20	20	10	10	20	10
20	15	10	30	5	5	15	20
21	5	0	10	15	0	30	40
22	5	5	30	5	5	20	30
23	10	15	10	0	20	25	20
24	0	20	30	5	10	15	20
25	20	20	10	10	20	10	10
26	5	15	20	5	10	20	25
27	5	5	5	40	15	10	20
28	10	10	15	15	15	15	20
29	1	9	25	10	10	5	40
30	5	20	30	5	5	15	20
31	5	10	25	5	10	15	30
32	1	3	10	1	5	15	65
33	10	5	15	25	5	15	25
34	10	15	20	5	10	20	20
35	5	15	25	10	10	15	20
36	10	10	20	10	10	15	25

ABSTIMMUNGSERGEBNISSE:

	MERKMAL 1	MERKMAL 2	MERKMAL 3	MERKMAL 4	MERKMAL 5	MERKMAL 6	MERKMAL 7
MERKMAL 1 >	0	4	2	9	6	3	5
MERKMAL 2 >	20	0	6	22	15	8	8
MERKMAL 3 >	29	23	0	25	25	12	12
MERKMAL 4 >	12	7	5	0	7	4	5
MERKMAL 5 >	17	10	6	15	0	9	8
MERKMAL 6 >	29	23	12	26	23	0	9
MERKMAL 7 >	27	23	19	25	25	23	0

KOLLEKTIVE NUTZENSKALA:

KNS	420	436	451	423	431	451	458

DELPHI-GEWICHTE (ABW.MAX. 90%):

DEL	7.42	12.26	18.24	8.03	11.07	17.56	22.97

Es gibt mehr als einen P_1-optimalen Kompromiß und damit mehrere KNS-Skalen.

NUTZUNGSART: T2
GEWICHTUNGEN:

BEWERTER	MERKMAL 1	MERKMAL 2	MERKMAL 3	MERKMAL 4	MERKMAL 5	MERKMAL 6	MERKMAL 7
1	5	5	20	5	0	15	50
2	10	10	20	10	10	20	20
3	5	10	25	0	0	40	20
4	5	15	15	5	5	25	30
5	5	10	20	0	0	20	45
6	10	15	25	10	20	15	5
7	10	10	20	20	20	20	0
8	10	10	20	20	20	15	5
9	5	5	15	15	5	25	30
10	15	20	20	0	10	20	15
11	15	10	15	10	20	25	5
12	10	20	15	5	15	10	25
13	20	10	30	10	10	20	0
14	10	10	30	5	10	20	15
15	1	5	35	8	8	8	35
16	10	15	15	5	40	10	5
17	5	10	25	5	10	15	30
18	10	10	20	5	10	30	15
19	5	20	20	5	5	40	5
20	10	10	35	10	5	5	25
21	0	0	25	10	0	40	25
22	5	5	30	5	5	20	30
23	10	0	10	0	20	30	30
24	10	20	30	10	10	15	5
25	10	10	30	10	10	20	10
26	15	15	20	20	15	15	0
27	10	0	20	20	20	20	10
28	10	10	20	15	10	15	20
29	1	9	20	10	15	15	30
30	10	15	35	5	0	15	20
31	5	10	25	7	8	25	25
32	1	2	35	1	1	15	45
33	10	5	15	15	5	20	30
34	10	15	20	5	30	10	10
35	5	10	25	15	15	10	20
36	10	10	15	10	5	25	25

ABSTIMMUNGSERGEBNISSE:

	MERKMAL 1	MERKMAL 2	MERKMAL 3	MERKMAL 4	MERKMAL 5	MERKMAL 6	MERKMAL 7
MERKMAL 1 >	0	5	0	13	9	1	8
MERKMAL 2 >	17	0	1	16	13	5	11
MERKMAL 3 >	34	31	0	30	28	20	19
MERKMAL 4 >	11	11	0	0	9	4	8
MERKMAL 5 >	14	11	4	12	0	6	10
MERKMAL 6 >	30	26	10	28	24	0	16
MERKMAL 7 >	23	24	11	25	24	15	0

KOLLEKTIVE NUTZENSKALA:

| KNS | 436 | 443 | 467 | 434 | 441 | 457 | 456 |

DELPHI-GEWICHTE (ABW.MAX. 9C%):

| DEL | 8.18 | 9.96 | 22.64 | 8.07 | 11.46 | 17.82 | 19.17 |

KORRELATIONSKOEFFIZIENT (DEL UND KNS) R = 0.984
ANTEIL DER INDIFFERENZEN: 18%

NUTZUNGSART: T3
GEWICHTUNGEN:

BEWERTER	MERKMAL 1	MERKMAL 2	MERKMAL 3	MERKMAL 4	MERKMAL 5	MERKMAL 6
1	5	5	25	5	20	40
2	15	10	25	10	25	15
3	0	0	35	20	35	10
4	5	15	25	5	30	20
5	0	0	35	0	30	35
6	10	20	20	20	20	10
7	20	20	30	10	10	10
8	10	10	30	10	25	15
9	10	10	35	20	5	20
10	20	20	25	0	25	10
11	15	15	25	10	25	10
12	20	20	30	10	10	10
13	30	20	20	10	10	10
14	5	10	30	5	30	20
15	10	10	10	10	30	30
16	10	10	20	20	30	10
17	5	5	40	30	15	5
18	5	10	20	15	30	20
19	0	20	20	0	50	10
20	10	5	40	10	5	30
21	0	0	50	20	20	10
22	20	5	30	5	20	20
23	15	10	35	0	30	10
24	20	20	30	0	15	15
25	30	5	50	0	10	5
26	20	10	20	10	20	20
27	20	10	40	0	15	15
28	5	5	30	15	25	20
29	1	9	25	10	35	20
30	10	20	40	5	5	20
31	1	1	50	0	25	23
32	1	9	40	0	40	10
33	10	5	25	15	20	25
34	5	10	30	10	15	30
35	5	15	35	5	10	30
36	5	5	40	10	25	15

ABSTIMMUNGSERGEBNISSE:

	MERKMAL 1	MERKMAL 2	MERKMAL 3	MERKMAL 4	MERKMAL 5	MERKMAL 6
MERKMAL 1 >	0	9	1	15	9	9
MERKMAL 2 >	10	0	0	16	7	8
MERKMAL 3 >	33	32	0	33	22	29
MERKMAL 4 >	12	11	0	0	3	5
MERKMAL 5 >	25	27	6	27	0	20
MERKMAL 6 >	21	23	2	26	8	0

KOLLEKTIVE NUTZENSKALA:

| KNS | 315 | 316 | 359 | 312 | 343 | 331 |

DELPHI-GEWICHTE (ABW.MAX. 90%):

| DEL | 8.50 | 8.88 | 30.83 | 9.29 | 21.14 | 16.26 |

KORRELATIONSKOEFFIZIENT (DEL UND KNS) R = 0.993
ANTEIL DER INDIFFERENZEN: 16%

NUTZUNGSART: T4
GEWICHTUNGEN:

BEWERTER	MERKMAL 1	MERKMAL 2	MERKMAL 3	MERKMAL 4	MERKMAL 5
1	5	5	40	10	40
2	10	10	35	10	35
3	0	10	40	10	40
4	10	5	50	5	30
5	0	0	40	0	60
6	10	10	30	20	30
7	15	20	30	30	5
8	10	15	35	10	30
9	15	15	10	20	40
10	20	20	30	0	30
11	15	20	25	10	30
12	20	20	40	10	10
13	30	10	40	10	10
14	5	10	35	20	30
15	10	5	20	15	50
16	15	15	40	10	20
17	5	10	30	20	35
18	5	15	20	10	50
19	10	25	25	10	30
20	15	10	50	10	15
21	5	5	30	20	40
22	30	5	30	5	30
23	20	30	30	0	20
24	10	20	30	20	20
25	35	10	50	0	5
26	20	20	20	10	30
27	30	10	40	10	10
28	10	10	35	15	30
29	1	10	30	9	50
30	5	20	40	15	20
31	5	5	75	5	10
32	5	15	50	0	30
33	10	5	40	5	40
34	0	40	40	20	0
35	10	20	35	15	20
36	8	7	60	5	20

ABSTIMMUNGSERGEBNISSE:

	MERKMAL 1	MERKMAL 2	MERKMAL 3	MERKMAL 4	MERKMAL 5
MERKMAL 1 >	0	9	1	15	5
MERKMAL 2 >	15	0	1	16	5
MERKMAL 3 >	33	31	0	34	19
MERKMAL 4 >	16	9	1	0	2
MERKMAL 5 >	27	26	10	30	0

KOLLEKTIVE NUTZENSKALA:

| KNS | 209 | 217 | 247 | 210 | 238 |

DELPHI-GEWICHTE (ABW.MAX. 90%):

| DEL | 10.82 | 12.48 | 35.00 | 12.13 | 27.50 |

KORRELATIONSKOEFFIZIENT (DEL UND KNS) R = 0.988
ANTEIL DER INDIFFERENZEN: 15%

NUTZUNGSART: F1
GEWICHTUNGEN:

BEWERTER	MERKMAL 1	MERKMAL 2	MERKMAL 3	MERKMAL 4	MERKMAL 5	MERKMAL 6	MERKMAL 7
1	10	5	25	50	0	5	5
2	20	5	20	20	15	5	15
3	20	5	15	10	30	10	10
4	10	5	30	15	15	20	5
5	0	20	0	20	20	25	15
6	10	20	40	10	5	5	10
7	5	5	30	10	10	30	10
8	10	10	30	5	10	30	5
9	10	20	20	10	25	5	10
10	5	10	30	25	25	5	0
11	15	20	15	10	30	5	5
12	30	5	20	10	20	10	5
13	25	10	20	25	5	10	5
14	30	0	20	10	5	30	5
15	10	10	30	30	10	5	5
16	10	1	40	15	30	4	0
17	25	0	25	25	0	15	10
18	20	10	22	40	5	2	1
19	10	10	40	15	10	5	10
20	30	0	20	20	20	10	0
21	20	10	20	30	10	5	5
22	30	10	10	30	10	10	0
23	10	20	10	20	15	15	10
24	5	35	20	15	10	5	10
25	10	5	15	25	10	15	20
26	10	10	20	10	30	20	0
27	10	5	60	10	10	5	0
28	15	20	20	15	5	15	10
29	5	0	50	10	20	10	5
30	15	10	30	10	15	15	5
31	5	10	20	30	15	10	10

ABSTIMMUNGSERGEBNISSE:

	MERKMAL 1	MERKMAL 2	MERKMAL 3	MERKMAL 4	MERKMAL 5	MERKMAL 6	MERKMAL 7
MERKMAL 1 >	0	17	6	7	12	17	21
MERKMAL 2 >	9	0	4	6	7	11	18
MERKMAL 3 >	19	24	0	18	22	23	28
MERKMAL 4 >	15	21	9	0	16	20	26
MERKMAL 5 >	13	17	6	9	0	17	20
MERKMAL 6 >	9	14	3	7	10	0	19
MERKMAL 7 >	5	7	2	0	5	6	0

KOLLEKTIVE NUTZENSKALA:

KNS	388	377	405	396	389	380	366

DELPHI-GEWICHTE (ABW.MAX. 90%):

DEL	12.31	7.55	23.46	16.90	12.80	9.11	7.09

KORRELATIONSKOEFFIZIENT (DEL UND KNS) R = 0.947
ANTEIL DER INDIFFERENZEN: 16%

NUTZUNGSART: F2
GEWICHTUNGEN:

BEWERTER	MERKMAL 1	MERKMAL 2	MERKMAL 3	MERKMAL 4	MERKMAL 5	MERKMAL 6
1	10	10	10	10	10	50
2	10	0	10	30	20	30
3	10	5	5	30	25	25
4	20	10	10	20	10	30
5	10	5	15	15	15	40
6	10	10	10	30	20	20
7	20	20	10	30	10	10
8	30	10	10	10	5	35
9	10	20	20	10	20	20
10	20	5	5	0	30	40
11	10	10	20	10	10	40
12	5	20	5	40	10	20
13	10	10	10	30	20	20
14	10	30	10	30	10	10
15	10	10	10	30	10	30
16	10	5	30	5	20	30
17	5	5	25	5	30	30
18	5	10	15	45	10	15
19	10	30	5	30	10	15
20	20	10	10	20	0	40
21	10	15	15	30	10	20
22	10	10	0	30	10	40
23	5	10	25	15	20	25
24	1	4	20	25	25	25
25	15	15	5	15	25	25
26	10	5	20	35	0	30
27	10	5	5	10	10	60
28	10	10	15	15	20	30
29	0	10	10	50	10	20
30	10	20	20	20	10	20
31	8	7	20	15	20	30

ABSTIMMUNGSERGEBNISSE:

	MERKMAL 1	MERKMAL 2	MERKMAL 3	MERKMAL 4	MERKMAL 5	MERKMAL 6
MERKMAL 1 >	0	11	10	3	5	1
MERKMAL 2 >	10	0	6	2	9	3
MERKMAL 3 >	14	11	0	7	9	0
MERKMAL 4 >	20	20	19	0	18	11
MERKMAL 5 >	17	14	13	8	0	0
MERKMAL 6 >	29	25	24	16	22	0

KOLLEKTIVE NUTZENSKALA:

| KNS | 250 | 249 | 254 | 268 | 258 | 273 |

DELPHI-GEWICHTE (ABW.MAX. 90%):

| DEL | 10.82 | 10.21 | 11.85 | 21.25 | 14.63 | 27.17 |

KORRELATIONSKOEFFIZIENT (DEL UND KNS) R = 0.987
ANTEIL DER INDIFFERENZEN: 23%

NUTZUNGSART: F3
GEWICHTUNGEN:

BEWERTER	MERKMAL 1	MERKMAL 2	MERKMAL 3	MERKMAL 4	MERKMAL 5	MERKMAL 6	MERKMAL 7
1	40	10	15	10	15	0	10
2	25	0	20	20	20	0	15
3	20	5	20	20	25	5	5
4	20	10	30	10	20	5	5
5	20	0	20	20	30	0	10
6	29	1	20	20	20	5	5
7	20	5	30	15	25	1	4
8	10	10	25	5	30	10	10
9	20	10	20	20	20	0	10
10	5	15	5	20	10	5	40
11	10	10	20	30	20	5	5
12	20	5	10	5	40	10	10
13	20	5	10	5	50	5	5
14	20	0	10	10	40	10	10
15	20	10	20	10	20	10	10
16	10	10	25	30	20	0	5
17	20	0	25	25	20	0	10
18	25	5	25	10	20	0	15
19	20	10	30	5	5	10	20
20	40	10	20	20	10	0	0
21	20	10	25	15	10	10	10
22	30	0	30	20	10	5	5
23	15	10	15	20	15	10	15
24	10	10	20	25	25	5	5
25	20	5	15	15	15	15	15
26	30	12	10	40	0	0	8
27	20	5	35	30	5	0	5
28	20	15	15	20	10	5	15
29	5	0	50	20	10	5	10
30	20	15	20	20	10	5	10
31	10	10	20	15	15	10	20

ABSTIMMUNGSERGEBNISSE:

	MERKMAL 1	MERKMAL 2	MERKMAL 3	MERKMAL 4	MERKMAL 5	MERKMAL 6	MERKMAL 7
MERKMAL 1 >	0	25	10	16	13	27	25
MERKMAL 2 >	1	0	2	2	5	14	8
MERKMAL 3 >	12	28	0	14	15	27	24
MERKMAL 4 >	10	24	7	0	13	24	20
MERKMAL 5 >	13	23	8	11	0	27	20
MERKMAL 6 >	0	6	0	3	1	0	0
MERKMAL 7 >	3	14	1	6	5	17	0

KOLLEKTIVE NUTZENSKALA:

| KNS | 420 | 391 | 422 | 414 | 412 | 383 | 397 |

DELPHI-GEWICHTE (ABW.MAX. 90%):

| DEL | 18.41 | 8.09 | 20.17 | 17.00 | 16.85 | 4.67 | 8.96 |

KORRELATIONSKOEFFIZIENT (DEL UND KNS) R = 0.994
ANTEIL DER INDIFFERENZEN: 19%

NUTZUNGSART: F4
GEWICHTUNGEN:

BEWERTER	MERKMAL 1	MERKMAL 2	MERKMAL 3	MERKMAL 4	MERKMAL 5	MERKMAL 6	MERKMAL 7
1	5	5	40	5	10	5	30
2	10	10	35	10	15	10	10
3	15	5	30	5	25	5	15
4	5	10	30	10	15	20	10
5	5	5	20	10	10	15	35
6	15	15	30	5	20	10	5
7	20	20	20	4	30	1	5
8	20	10	30	10	5	5	20
9	20	10	30	10	10	10	10
10	2	5	30	25	8	7	25
11	10	5	30	10	20	10	15
12	0	20	40	5	10	15	10
13	10	20	20	10	20	10	10
14	0	10	30	10	30	10	10
15	10	10	20	10	20	10	20
16	10	10	30	10	0	20	20
17	20	10	25	0	10	25	10
18	10	20	35	10	12	8	5
19	10	10	20	10	30	10	10
20	30	10	30	0	20	0	10
21	20	20	20	10	10	10	10
22	20	20	10	0	30	10	10
23	15	10	20	10	15	15	15
24	10	20	10	20	20	10	10
25	20	15	20	5	10	15	15
26	10	0	40	5	5	0	40
27	2	2	70	2	2	2	20
28	15	10	25	10	10	10	20
29	10	10	20	10	30	10	10
30	5	20	20	10	25	5	15
31	5	5	30	10	20	20	10

ABSTIMMUNGSERGEBNISSE:

	MERKMAL 1	MERKMAL 2	MERKMAL 3	MERKMAL 4	MERKMAL 5	MERKMAL 6	MERKMAL 7
MERKMAL 1 >	0	10	1	13	9	12	9
MERKMAL 2 >	8	0	2	11	6	11	9
MERKMAL 3 >	25	25	0	30	22	28	26
MERKMAL 4 >	8	5	1	0	3	7	2
MERKMAL 5 >	20	19	6	21	0	18	16
MERKMAL 6 >	9	8	0	10	6	0	6
MERKMAL 7 >	14	13	1	18	9	13	0

KOLLEKTIVE NUTZENSKALA:

| KNS | 347 | 345 | 375 | 339 | 359 | 342 | 352 |

DELPHI-GEWICHTE (ABW.MAX. 90%):

| DEL | 12.11 | 11.73 | 26.33 | 8.31 | 16.57 | 9.46 | 12.68 |

KORRELATIONSKOEFFIZIENT (DEL UND KNS) R = 0.988
ANTEIL DER INDIFFERENZEN: 24%

NUTZUNGSART: F5
GEWICHTUNGEN:

BEWERTER	MERKMAL 1	MERKMAL 2	MERKMAL 3	MERKMAL 4	MERKMAL 5	MERKMAL 6
1	50	10	10	10	20	0
2	20	10	20	20	20	10
3	30	10	10	25	25	0
4	25	5	25	10	25	10
5	40	0	0	10	50	0
6	30	5	20	15	20	10
7	30	5	30	5	25	5
8	5	5	35	25	15	15
9	30	10	20	10	20	10
10	25	5	25	25	20	0
11	10	5	40	20	20	5
12	25	0	10	5	50	10
13	20	10	10	10	40	10
14	16	16	17	17	17	17
15	30	10	20	20	10	10
16	20	5	25	25	25	0
17	25	0	25	25	25	0
18	25	5	25	5	35	5
19	20	10	25	15	20	10
20	40	0	20	20	20	0
21	20	20	25	15	15	5
22	40	0	20	30	10	0
23	30	5	20	15	15	15
24	14	20	25	15	25	1
25	25	5	15	20	20	15
26	10	10	10	30	40	0
27	40	5	25	20	10	0
28	20	10	10	30	15	15
29	20	0	50	20	10	0
30	20	15	25	20	20	0
31	20	10	15	30	20	5

ABSTIMMUNGSERGEBNISSE:

	MERKMAL 1	MERKMAL 2	MERKMAL 3	MERKMAL 4	MERKMAL 5	MERKMAL 6
MERKMAL 1 >	0	26	15	18	15	29
MERKMAL 2 >	1	0	0	2	1	10
MERKMAL 3 >	9	25	0	15	12	25
MERKMAL 4 >	8	24	7	0	8	23
MERKMAL 5 >	10	29	10	12	0	26
MERKMAL 6 >	2	8	1	1	0	0

KOLLEKTIVE NUTZENSKALA:

KNS	304	270	298	292	296	268

DELPHI-GEWICHTE (ABW.MAX. 90%):

DEL	24.17	7.38	20.07	18.13	20.76	7.57

KORRELATIONSKOEFFIZIENT (DEL UND KNS) R = 0.996
ANTEIL DER INDIFFERENZEN: 20%

NUTZUNGSART: G1
GEWICHTUNGEN:

BEWERTER	MERKMAL 1	MERKMAL 2	MERKMAL 3	MERKMAL 4	MERKMAL 5	MERKMAL 6	MERKMAL 7
1	5	5	30	5	5	20	30
2	20	20	20	15	5	10	10
3	10	10	25	5	20	20	10
4	0	10	25	5	10	10	40
5	0	10	25	5	20	30	10
6	30	10	20	5	10	20	5
7	10	25	25	5	10	15	10
8	15	20	10	10	10	20	15
9	20	10	10	30	20	5	5
10	30	20	20	10	10	10	0
11	10	25	25	10	15	5	10
12	15	20	20	5	10	10	20
13	15	15	15	10	10	15	20
14	5	20	15	20	15	10	15
15	5	10	25	20	10	20	10
16	10	10	30	20	10	10	10
17	5	20	30	10	10	20	5
18	5	5	20	10	30	20	10
19	10	20	20	10	20	10	10
20	5	20	40	5	10	10	10
21	20	20	10	30	0	20	0
22	5	5	30	5	30	5	20
23	10	20	20	5	15	20	10
24	5	25	20	20	15	10	5
25	20	20	20	10	0	30	0
26	10	20	20	10	10	15	15
27	5	5	30	30	10	10	10
28	5	10	15	20	15	15	20
29	10	15	15	20	10	10	20
30	20	15	30	5	10	10	10
31	20	20	30	10	10	0	10
32	4	15	20	1	40	5	15
33	10	10	20	15	10	25	10
34	10	40	40	5	0	0	5
35	5	20	25	15	10	10	15
36	10	10	30	20	20	5	5

ABSTIMMUNGSERGEBNISSE:

	MERKMAL 1	MERKMAL 2	MERKMAL 3	MERKMAL 4	MERKMAL 5	MERKMAL 6	MERKMAL 7
MERKMAL 1 >	0	4	5	14	11	10	10
MERKMAL 2 >	19	0	4	23	20	18	21
MERKMAL 3 >	28	19	0	28	28	26	28
MERKMAL 4 >	16	10	5	0	14	14	13
MERKMAL 5 >	18	9	3	14	0	10	14
MERKMAL 6 >	20	10	5	18	14	0	14
MERKMAL 7 >	16	8	5	14	11	13	0

KOLLEKTIVE NUTZENSKALA:

| KNS | 383 | 401 | 416 | 385 | 389 | 393 | 386 |

DELPHI-GEWICHTE (ABW.MAX. 90%):

| DEL | 10.44 | 15.29 | 22.92 | 10.78 | 12.17 | 13.13 | 11.45 |

KORRELATIONSKOEFFIZIENT (DEL UND KNS) R = 0.997
ANTEIL DER INDIFFERENZEN: 20%

NUTZUNGSART: G2
GEWICHTUNGEN:

BEWERTER	MERKMAL 1	MERKMAL 2	MERKMAL 3	MERKMAL 4	MERKMAL 5	MERKMAL 6
1	15	15	15	25	5	25
2	25	25	30	10	5	5
3	15	15	20	15	15	20
4	10	15	30	5	10	30
5	10	10	50	10	10	10
6	30	20	20	20	5	5
7	10	25	45	5	5	10
8	20	20	15	15	10	20
9	15	20	5	25	10	25
10	30	20	20	10	20	0
11	20	25	25	15	10	5
12	20	20	30	10	10	10
13	20	20	25	10	5	20
14	5	15	40	10	10	20
15	5	10	20	50	0	15
16	10	10	20	30	20	10
17	10	20	40	10	10	10
18	10	30	30	15	10	5
19	0	30	30	10	20	10
20	10	20	40	10	10	10
21	20	15	20	30	0	15
22	20	5	30	20	5	20
23	15	20	30	5	15	15
24	5	25	40	10	10	10
25	30	20	40	10	0	0
26	20	20	25	10	10	15
27	10	10	30	20	10	20
28	10	10	20	20	20	20
29	20	15	40	15	1	9
30	20	20	35	10	5	10
31	15	30	25	10	0	20
32	5	20	30	10	15	20
33	20	25	25	10	10	10
34	10	40	40	5	0	5
35	10	20	30	10	15	15
36	20	20	20	10	15	15

ABSTIMMUNGSERGEBNISSE:

	MERKMAL 1	MERKMAL 2	MERKMAL 3	MERKMAL 4	MERKMAL 5	MERKMAL 6
MERKMAL 1 >	0	6	4	18	21	14
MERKMAL 2 >	17	0	3	24	29	21
MERKMAL 3 >	29	24	0	28	32	30
MERKMAL 4 >	12	8	5	0	18	10
MERKMAL 5 >	7	2	1	7	0	5
MERKMAL 6 >	13	9	3	12	18	0

KOLLEKTIVE NUTZENSKALA:

KNS	303	314	335	300	289	302

DELPHI-GEWICHTE (ABW.MAX. 90%):

DEL	14.06	19.86	28.61	12.27	9.30	13.76

KORRELATIONSKOEFFIZIENT (DEL UND KNS) R = 0.996
ANTEIL DER INDIFFERENZEN: 20%

NUTZUNGSART: G3
GEWICHTUNGEN:

BEWERTER	MERKMAL 1	MERKMAL 2	MERKMAL 3	MERKMAL 4	MERKMAL 5
1	5	5	30	50	10
2	20	25	40	15	0
3	40	20	20	5	15
4	10	20	50	10	10
5	10	10	60	10	10
6	40	20	20	20	0
7	25	10	15	35	15
8	30	15	15	10	30
9	30	20	20	20	10
10	40	10	30	10	10
11	25	25	25	25	0
12	30	20	30	5	15
13	25	25	25	5	20
14	10	20	40	15	15
15	5	10	10	70	5
16	15	15	20	40	10
17	20	30	40	5	5
18	10	40	30	10	10
19	0	40	40	0	20
20	20	20	30	20	10
21	30	25	20	25	0
22	30	5	30	30	5
23	30	25	30	5	10
24	20	20	30	20	10
25	70	10	20	0	0
26	20	25	25	20	10
27	30	30	30	0	10
28	25	15	30	10	20
29	35	15	25	20	5
30	25	25	40	5	5
31	30	30	30	0	10
32	5	20	50	20	5
33	20	20	40	5	15
34	10	40	40	0	10
35	15	25	35	10	15
36	35	20	30	10	5

ABSTIMMUNGSERGEBNISSE:

	MERKMAL 1	MERKMAL 2	MERKMAL 3	MERKMAL 4	MERKMAL 5
MERKMAL 1 >	0	14	10	21	25
MERKMAL 2 >	11	0	2	21	29
MERKMAL 3 >	19	22	0	27	34
MERKMAL 4 >	6	6	5	0	16
MERKMAL 5 >	3	4	1	12	0

KOLLEKTIVE NUTZENSKALA:

| KNS | 219 | 216 | 228 | 201 | 197 |

DELPHI-GEWICHTE (ABW.MAX. 90%):

| DEL | 22.65 | 19.09 | 29.57 | 12.88 | 9.81 |

KORRELATIONSKOEFFIZIENT (DEL UND KNS) R = 0.987
ANTEIL DER INDIFFERENZEN: 20%

Achtes Kapitel

Mathematischer Anhang

A. Präordnungsrelationen

Die mathematische Bezeichnungsweise in der Theorie der geordneten Mengen ist nicht einheitlich, weil einige Mathematiker strikte Relationen bevorzugen und andere (etwa Bourbaki) die Gleichheit einbeziehen.
Wir nennen eine Relation P über einer Alternativenmenge A eine Ordnungsrelation, wenn gilt

$$\neg \, x \, P \, x \quad \text{für alle } x \in A$$

$$x \, P \, y \wedge y \, P \, z \Rightarrow x \, P \, z \quad \text{für alle } x,y,z \in A \, .$$

wenn also P eine antireflexive und transitive Relation ist.
Die Menge aller Ordnungsrelationen über A werde mit Ord(A) bezeichnet.
Ordnungsrelationen sind also dasselbe wie Präferenzrelationen. Eine Relation R über einer Alternativenmenge A heißt Präordnung (oder Präordnungsrelation), wenn sie reflexiv und transitiv ist, wenn also gilt

$$x \, R \, x \quad \text{für alle } x \in A$$

$$x \, R \, y \wedge y \, R \, z \Rightarrow x \, R \, z \quad \text{für alle } x,y,z \in A \, .$$

Die Menge aller Präordnungsrelationen über A werde mit Prä(A) bezeichnet. Zu jeder Präordnungsrelation R läßt sich eine zugehörige Präferenzrelation P definieren durch

$$x \, P \, y \leftrightarrow x \, R \, y \wedge \neg \, y \, R \, x \, .$$

Zu jeder Präordnungsrelation R läßt sich ferner eine Indifferenzrelation I definieren durch

$$x \, I \, y \leftrightarrow x \, R \, y \wedge y \, R \, x \, .$$

Die so definierte Indifferenzrelation ist eine Äquivalenzrelation, d.h. sie ist reflexiv, symmetrisch und transitiv – wie man sich leicht überlegt.
Also kann man die Quotientenmenge A/I bilden. Definiert man auf den Äquivalenzklassen eine Relation P^* durch

$$[x] \, P^* \, [y] \leftrightarrow x \, R \, y \wedge \neg \, y \, R \, x$$

so erkennt man leicht: P^* ist antireflexiv und transitiv, also eine Ordnungsrelation. Man kann also schreiben

$$R \in \text{Prä}(A) \Rightarrow P^* \in \text{Ord}(A/I),$$

wenn I die zu R gehörige Indifferenzrelation bezeichnet und P^* die auf den Äquivalenzklassen definierte Relation ist.

Präordnungen wurden als nicht-strikte Relationen definiert, die Ordnungen ergaben sich durch Äquivalenzklassenbildung als strikte Ordnungsrelationen. Man kann auch anders vorgehen. Bei Bourbaki[1] werden die Präordnungen ebenfalls als reflexive und transitive Relationen definiert. Die Äquivalenzrelation »Indifferenz« wird ebenfalls definiert als diejenige Relation I, für die gilt

$$x \, I \, y \Leftrightarrow x \, R \, y \land y \, R \, x.$$

Auf der Menge A/I der Äquivalenzklassen wird jedoch eine andere Relation definiert:

$$[x] \, \bar{R} \, [y] \Leftrightarrow x \, R \, y.$$

Man sieht sofort, daß die Relation $\bar{R}$ reflexiv, transitiv und »identitiv« ist. Letzteres soll heißen

$$[x] \, \bar{R} \, [y] \land [y] \, \bar{R} \, [x] \Rightarrow [x] = [y].$$

Damit ergibt sich, daß $\bar{R}$ eine Ordnungsrelation im Sinne von Bourbaki ist. In der reinen Mathematik dürfte dies die »übliche« Ordnungsrelation sein. *Hier* werden strikte Ordnungsrelationen betrachtet, weil dies dem Namen »Präferenz« eher angemessen ist.

Der Zusammenhang zwischen diesen beiden Arten von Ordnungsrelationen kann folgendermaßen dargestellt werden:

Ist R_B eine Ordnungsrelation im Sinne von Bourbaki, so definiere man

$$x \, R \, y \Leftrightarrow x \, R_B \, y \land x \neq y.$$

Dann gilt $R \in \text{Ord}(A)$. Man hätte auch definieren können

$$x \, R \, y \Leftrightarrow x \, R_B \, y \land \neg \, y \, R_B \, x,$$

denn beide Formulierungen sind äquivalent.

Ist umgekehrt $R \in \text{Ord}(A)$ vorgegeben, so definiere man

$$x \, R_B \, y \Leftrightarrow x \, R \, y \lor x = y.$$

Diese Relation R_B ist eine Ordnungsrelation im Bourbaki-Sinne.

Die beiden Arten von Ordnungsrelationen unterscheiden sich also nur durch Zulassen bzw. Verbieten der Gleichheit. »Indifferenzen« sind bei beiden

---

[1] Nicolas Bourbaki, Eléments de mathématique, Livre I, Théorie des ensembles, chapitre 3: ensembles ordonnées, cardinaux, nombres entiers, Paris 1967.

Ordnungsrelationen nicht sinnvoll. (Im einen Falle ergäbe sich ein Widerspruch, im anderen Falle die Gleichheitsrelation.)

B. Indifferenz und Präferenz

Seien R_1 und R_2 Präordnungen über einer Alternativenmenge A. Dann seien I_1 und I_2 die zugehörigen Indifferenzrelationen:

$x\ I_1\ y \Leftrightarrow x\ R_1\ y \wedge y\ R_1\ x$
$x\ I_2\ y \Leftrightarrow x\ R_2\ y \wedge y\ R_2\ x$

Analog seien P_1 und P_2 die zugehörigen Präferenzrelationen:

$x\ P_1\ y \Leftrightarrow x\ R_1\ y \wedge \neg\ y\ R_1\ x$
$x\ P_2\ y \Leftrightarrow x\ R_2\ y \wedge \neg\ y\ R_2\ x$

Kann man dann aus $P_1 = P_2$ folgern, daß $I_1 = I_2$ gilt?
Wenn diese Implikation richtig wäre, würde aus der Übereinstimmung der Relationen P_i auch die Übereinstimmung der Relationen R_i folgen, weil

$x\ R_i\ y \Leftrightarrow x\ P_i\ y \vee x\ I_i\ y \qquad (i=1,2)$

Die Frage ist zu verneinen. Man betrachte folgendes
Gegenbeispiel:
Alternativenmenge $A = \{a, b, c\}$. Relationen über A sollen im Folgenden durch charakteristische Matrizen beschrieben werden (Zeile steht in Relation R zur Spalte). Sei also

$$R_1 = \begin{pmatrix} 1 & 0 & 1 \\ 0 & 1 & 1 \\ 0 & 0 & 1 \end{pmatrix} \quad \text{und} \quad R_2 = \begin{pmatrix} 1 & 1 & 1 \\ 1 & 1 & 1 \\ 0 & 0 & 1 \end{pmatrix}$$

Dann gilt

$$I_1 = \begin{pmatrix} 1 & 0 & 0 \\ 0 & 1 & 0 \\ 0 & 0 & 1 \end{pmatrix} \quad \text{und} \quad I_2 = \begin{pmatrix} 1 & 1 & 0 \\ 1 & 1 & 0 \\ 0 & 0 & 1 \end{pmatrix}$$

also $I_1 \neq I_2$, obwohl

$$P_1 = P_2 = \begin{pmatrix} 0 & 0 & 1 \\ 0 & 0 & 1 \\ 0 & 0 & 0 \end{pmatrix}.$$

C. Vollständige (totale) Ordnungsrelationen

Gegeben sei eine endliche Menge A von Alternativen. Die Anzahl der Alternativen sei m. Die Menge aller Ordnungsrelationen über A werde mit

$$\text{Ord}(A)$$

bezeichnet. (Es sei noch einmal daran erinnert, daß es sich um »strikte« Ordnungsrelationen handelt – die Gleichheit ist also ausgeschlossen.) Eine Relation $R \in \text{Ord}(A)$ heißt »totale Ordnungsrelation«, wenn gilt

$$a \neq b \Rightarrow aRb \vee bRa \quad \text{für alle } a \in A \text{ und } b \in A.$$

Die Menge aller totalen Ordnungsrelationen werde mit

$$\text{tOrd}(A)$$

bezeichnet. Totale Ordnungen werden auch als lineare Ordnungen bezeichnet, weil der zugehörige gerichtete Graph eine »Linie« darstellt.

Zu jeder totalen Ordnungsrelation R auf A läßt sich eine Abbildung

$$\beta : A \to \{1, 2, 3, \ldots, m\}$$

(Bewertung) definieren, so daß gilt

$$a R b \Leftrightarrow \beta(a) > \beta(b).$$

Dazu definiere man ein m-tupel

$$(a_1^R, a_2^R, \ldots, a_m^R)$$

von Elementen aus A durch folgende Vorschrift (»Ordnung der Größe nach«)

a_1^R = das kleinste Element von A (gemäß R)

a_{i+1}^R = das kleinste Element von $A - \{a_1^R, a_2^R, \ldots, a_i^R\}$

(für $i = 1, 2, \ldots, m-1$). Die Abbildung β werde nun definiert durch

$$\beta(a_i^R) = i.$$

β gibt also an, welche Position das Element a einnimmt, wenn A aufsteigend geordnet wird.

Hatte man die Elemente von A vorher numeriert als

$$a_1, a_2, \ldots, a_m$$

so kann man mit Hilfe von R eine Permutation, also eine bijektive Abbildung

$$f^R : A \to A$$

definieren durch

$$f^R(a_i) = a_i^R \quad (i = 1, 2, \ldots, m).$$

Die Zuordnung der Permutation f^R zur totalen Ordnungsrelation R brauchte eine Numerierung der Elemente von A – ist also nicht »kanonisch«. Trotzdem wird man die Verwandschaft zwischen Permutationen und totalen Ordnungsrelationen als sehr eng empfinden.
Ist eine Permutation von A, also eine bijektive Abbildung

$f: A \to A$

vorgeben, so kann man eine totale Ordnungsrelation R_f mit Hilfe einer bijektiven Abbildung

$\Phi : A \to \{1,2,\ldots,m\}$

definieren:

$a \ R_f \ b \Leftrightarrow \Phi(f(a)) > \Phi(f(b))$

(Hierbei wurde die natürliche Ordnung der natürlichen Zahlen verwendet.)

D. Darstellung von Teilmengen in der Programmiersprache FORTRAN IV

Gegeben sei eine endliche Menge A mit m Elementen. Kann man in FORTRAN die Teilmengen dieser Menge bequem darstellen? (Das Problem tritt insbesondere auf, wenn alle Relationen über einer endlichen Menge untersucht werden sollen: die Teilmengen des kartesischen Produkts der Menge mit sich selbst werden untersucht.)
Naheliegend ist die Verwendung von charakteristischen Funktionen

$\delta : A \to \{0,1\}$.

Die Menge A wird bijektiv auf die Menge $\{1,2,\ldots,m\}$ abgebildet. Die Abbildungen von $\{1,2,\ldots,m\}$ in $\{0,1\}$ werden in FORTRAN durch einen Vektor mit m Komponenten dargestellt. Da die Zahlen 0 und 1 in FORTRAN entweder 4 Bytes (als INTEGER-Zahlen) oder 2 Bytes (als INTEGER*2-Zahlen) Speicherplatz verwenden, wäre es sparsamer, die logischen Konstanten .TRUE. und .FALSE. zu verwenden, deren Speicherplatzanforderung sich auf 1 Byte reduzieren läßt (bei Verwendung von LOGICAL*1-Größen).
Die Frage des Speicherplatzes ist hier jedoch nicht wesentlich, da wir uns auf Mengen mit maximal 31 Elementen beschränken werden. Diese Beschränkung ist für die Anwendungen im Bereich Präferenz-Aggregation durchaus vernünftig, da die Probleme sonst zu umfangreich werden (Grenze der Rechenzeit).

Wenn alle Teilmengen der Menge A untersucht werden sollen, kann man verschiedene Verfahren anwenden.

Man kann eine »Gödelisierung« der Teilmengen vornehmen, d.h. eine bijektive Abbildung der Potenzmenge von A auf die Menge $\{1, 2, 3, \ldots, 2^m\}$ benutzen. Man braucht dann nur noch die Zahlen von 1 bis 2^m zu durchlaufen (etwa mit Hilfe einer DO-Schleife). Wegen der Grenze des Zahlbereichs für INTEGER-Zahlen empfiehlt es sich, die Zahlen

$$0, 1, 2, \ldots, 2^m - 1$$

für die Gödelisierung zu benutzen (m kann dann maximal 31 werden).
Naheliegend ist die Gödelisierung durch Dualzahlen. Ist eine charakteristische Funktion

$$\delta : \{1, 2, 3, \ldots, m\} \to \{0, 1\}$$

gegeben, so ordne man ihr die Zahl

$$\sum_{i=1}^{m} \delta(i) \cdot 2^{i-1}$$

zu. Die leere Teilmenge erhält die Gödelnummer 0, die Menge $\{1, 2, \ldots, m\}$ erhält die Gödelnummer

$$\sum_{i=1}^{m} 2^{i-1} = 2^m - 1.$$

Die Dualzahlen werden übrigens hier von hinten gelesen (der Einfachheit halber). Die Gödelisierung kann durch das folgende FORTRAN-Unterprogramm durchgeführt werden:

```
      SUBROUTINE GOEDEL (VEKTOR,NUMMER,M)
      INTEGER*2 VEKTOR(M)
      NUMMER = 0
      DO 1 I = 1,M
1     NUMMER = NUMMER + VEKTOR(I)*2**(I-1)
      RETURN
      END
```

Da in den Komponenten des Vektors VEKTOR nur 1 bit gespeichert ist, mag die Verwendung von INTEGER *2-Größen (also jeweils 2 Byte = 16 bit) als enorme Verschwendung angesehen werden. Die Verwendung von LOGICAL*1-Größen erscheint in diesem Zusammenhang jedoch als unpraktisch (rechentechnisch). In einer maschinenorientierten Sprache sollte man für die Komponenten des Vektors VEKTOR nur 1 bit reservieren. Die Speicherplatzfrage ist jedoch nicht schwerwiegend, weil die Zahl M nicht sehr groß ist (maximal 31).
Die Umkehrung der Gödelisierung kann durch folgendes FORTRAN-Unterprogramm durchgeführt werden:

```
      SUBROUTINE DUAL (NUMMER,VEKTOR,M)
      INTEGER*2 VEKTOR(M)
      DO 1 I=1,M
      VEKTOR(I) = NUMMER - 2*(NUMMER/2)
1     NUMMER = NUMMER/2
      RETURN
      END
```

Die Dualzahlen werden hier ebenfalls von hinten gelesen, mit anderen Worten: die übliche Dualzahldarstellung ist gegeben durch

VEKTOR(M)   VEKTOR(M-1)   ...   VEKTOR(2)   VEKTOR(1)

E. Erzeugung aller Ordnungsrelationen über einer endlichen Menge

Das folgende Programm in FORTRAN IV erzeugt alle Ordnungsrelationen über endlichen Mengen mit maximal 6 Elementen. Die Restriktion ist zu erklären aus der Gödelisierung der Ordnungsrelationen und der oberen Schranke $2^{31}-1$ für ganze Zahlen in FORTRAN IV. Zu einer m-elementigen Alternativenmenge gibt es

$$2^{(m^2)}$$

Relationen über dieser Menge. Da Ordnungsrelationen in der Diagonale Nullen enthalten, kann man die Zahl der zu durchsuchenden Relationen etwas verringern auf

$$2^{m(m-1)}$$

Da $6 \cdot 5 = 30$ ist, liegt die obere Grenze bei diesem Verfahren bei m = 6. Erwünscht wäre natürlich ein systematisches Verfahren zur Erzeugung aller Ordnungsrelationen. Aber auch dieses unsystematische Verfahren kann zunächst einmal verwendet werden: (Hauptprogramm ORDNUNGEN)

```
      INTEGER*2 MATRIX(36),VEKTOR(30)
      LOGICAL*1 FRAGE
      READ(5,100) M
C     M DARF NICHT GROESSER ALS 6 SEIN
      IF( M .GT. 6 ) STOP
      M1 = M-1
      MQMD = M*(M-1)
      MQ=M**2
      NUMMER = 0
      DO 1 I=1,M
      II = I + (I-1)*M
1     MATRIX(II) = 0
      MAX = 2**MQMD
      DO 2 K = 1,MAX
      K1 = K-1
      CALL DUAL (K1,VEKTOR,MQMD)
      DO 3 I = 1,M1
      II = I + (I-1)*M
      DO 3 J = 1,M
      IJ = J + (I-1)*M
```

```
3     MATRIX(II+J) = VEKTOR(IJ)
      CALL ORD(MATRIX,M,FRAGE)
      IF( .NOT. FRAGE ) GO TO 2
      NUMMER = NUMMER + 1
      IF(NUMMER .GT. 250) STOP
      WRITE(6,200)  NUMMER,(MATRIX(L),L=1,MQ)
2     CONTINUE
100   FORMAT(I1)
200   FORMAT(' ',I4,'. ',36I2)
      STOP
      END
      SUBROUTINE ORD(A,M,FRAGE)
      INTEGER*2 A(1)
      LOGICAL*1 FRAGE
      DO 1 I=1,M
      II = I + (I-1)*M
      IF ( A(II) .EQ. 1 ) GO TO 2
      DO 1 J=1,M
      DO 1 K=1,M
      IJ = I + (J-1)*M
      JK = J + (K-1)*M
      IK = I + (K-1)*M
      IF ( A(IJ)+A(JK) .EQ. 2 .AND. A(IK).EQ. 0 ) GO TO 2
1     CONTINUE
      FRAGE = .TRUE.
      RETURN
2     FRAGE = .FALSE.
      RETURN
      END
```

Zur Codierung der Matrizen ist zu bemerken, daß die variable Dimension

```
INTEGER*2  A(M,M)
```

im Unterprogramm nicht bei jedem FORTRAN-Compiler möglich ist. Deshalb wurden die MxM-Matrizen als Vektoren angegeben. Dem Matrix-Element A(I, J) entspricht im Vektor die Komponente mit der Nummer

```
I + (J-1)*M
```

Wenn I und J von 1 bis M laufen, läuft diese Nummer von 1 bis M**2. Die Umkehrung dieser (bijektiven) Abbildung wird gegeben durch

```
I = NUMMER - M*((NUMMER-1)/M)
J = (NUMMER-1)/M + 1
```

Die Division ist hier die ganzzahlige Division. Dividiert man NUMMER-1 durch M, so ergibt sich J-1 Rest I-1.
Die Ausgabe

```
WRITE(6,200) NUMMER,MATRIX
```

sollte man nur verwenden, wenn die Matrix geeignet dimensioniert wurde, bzw. wenn M = 6 ist; sonst ist

```
MQ = M**2
WRITE(6,200)NUMMER,(MATRIX(L),L=1,MQ)
```

besser.
Bei der DO-Schleife 3 ist zu beachten, daß die Anweisung

```
IJ = J + (I-1)*M
```

korrekt ist. Würde man

    IJ = I + (J-1)*M

verwenden, so müßte die DO-Schleife anders organisiert werden. Um den Papier-Output besser abschätzen zu können, sollte man die Tabelle 2 beachten[2]

Tabelle 2

Anzahl der Alternativen	Anzahl der Ordnungsrelationen
1	1
2	3
3	19
4	219
5	4 231
6	130 023

Es handelt sich um ein elementares Demonstrationsprogramm. Für Mathematiker wird auf den nächsten Abschnitt sowie auf einen Artikel von Butler[3] verwiesen.

F. Endliche Topologien

Die Bestimmung der Anzahl der Topologien über einer endlichen Menge E stellt ein interessantes kombinatorisches Problem dar. Es ist eng verbunden mit dem Problem der Bestimmung aller Ordnungs- und Präordnungsrelationen über der Menge E. Es gilt folgender Satz:
Für eine endliche Menge E stimmt die Anzahl der Topologien über E überein mit der Anzahl der Präordnungsrelationen über E. (Homöomorphe topologische Räume sollen nicht identifiziert werden; desgleichen sollen isomorphe Präordnungen nicht identifiziert werden.)
Beweis:[4]
Sei T eine Topologie über E. Dann definiere man

    a R b ↔ (∀U) (U ∈ T → (b ∈ U → a ∈ U))

---

2 Nach: J.W. Evans, F. Harary und M.S. Lynn, On the Computer Enumeration of Finite Topologies, in: Communications of the ACM, Band 10, 1967, S. 295ff.
3 Kim Ki-Hang Butler, The Number of Partially Ordered Sets, in: Journal of Combinatorial Theory (B), Band 13, 1972, S. 276–289.
4 J.W. Evans, F. Harary und M.S. Lynn, a.a.O.

Die Relation R ist offenbar reflexiv und transitiv, also eine Präordnungsrelation.
Sei umgekehrt R eine Präordnungsrelation auf E. Dann bilden die Mengen

$\{ x \in E \mid x R a \}$ für $a \in E$

eine Basis einer Topologie über E.
Bildet man zu der zugehörigen Topologie wieder die entsprechende Präordnungsrelation, so kommt man wieder zu der ursprünglichen Präordnungsrelation.
Die Tabelle 3 ist eine Erweiterung der Tabelle 2 (nach Evans, Harary und Lynn).[5]
Zum Thema endliche Topologien wird außerdem verwiesen auf die Artikel von Krishnamurthy[6] und Sharp.[7,8]

Tabelle 3

Anzahl der Alternativen	1	2	3	4	5	6	7
Anzahl der Präordnungen	1	4	29	355	6 942	209 527	9 535 241
Anzahl der Ordnungen	1	3	19	219	4 231	130 023	6 129 859

G. Rekursionsformel für lineare Präordnungsrelationen über einer endlichen Menge

Die Anzahl der linearen Präordnungen über m Elementen werde mit lp(m) bezeichnet.
Die Elemente der Menge A seien numeriert:

$A = \{ a_1, a_2, a_3, \ldots, a_m \}$

Wenn alle Elemente indifferent sind, so handelt es sich um die Allrelation, die stets eine lineare Präordnung ist.
Die übrigen linearen Präordnungsrelationen ordne man folgendermaßen an:

---

5 J.W. Evans, F. Harary und M.S. Lynn, a.a.O.
6 V. Krishnamurthy, On the Number of Topologies on a Finite Set, in: American Mathematical Monthly, Band 73, 1966, S. 154–157.
7 Henry Sharp, jun., Quasi-orderings and Topologies on Finite Sets, in: Proceedings of the American Mathematical Society, Band 17, 1966, S. 1344–1349.
8 Derselbe, Cardinality of Finite Topologies, in: Journal of Combinatorial Theory, Band 5, 1968, S. 82–86.

Zunächst betrachte man Relationen mit
   genau 1 minimalem Element,
dann betrachte man Relationen mit
   genau 2 minimalen Elementen,
usw. bis man zu Relationen kommt, die
   genau (m–1) minimale Elemente
enthalten. Da es sich um lineare Präordnungen handelt, sind die betrachteten minimalen Elemente zueinander indifferent.

Bezeichnet j die Anzahl der Elemente einer Präordnung, die nicht minimal sind, so gibt es offenbar $\binom{m}{j}$ Möglichkeiten für Präordnungen mit j nicht-minimalen Elementen. Die nicht-minimalen Elemente kann man auf lp(j) verschiedene Weisen linear »präordnen«. Damit ergibt sich die Rekursionsformel

$$lp(m) = 1 + \sum_{j=1}^{m-1} \binom{m}{j} \cdot lp(j)$$

H. Das Hauptprogramm PERM

In dem folgenden FORTRAN-IV-Programm werden alle Permutationen der m Alternativen erzeugt (in den Programmen wird die Alternativenzahl oft mit N bezeichnet, da die Programme zum Teil schon länger existieren).
Die Permutationen werden in lexikographischer Reihenfolge erzeugt. Ausgangspunkt ist die identische Permutation. Mit dem Unterprogramm NEXT wird die folgende Permutation hergestellt (solange noch nicht die letzte erreicht ist). Das Unterprogramm PERMAT liefert zu jeder Permutation die zugehörige lineare Ordnungsrelation (in Form einer Matrix aus Nullen und Einsen).
Eingabewerte sind die Anzahl der Alternativen (FORMAT(I2)) und das P_1-Protokoll zeilenweise (FORMAT(16I5)).
Ausgabewert ist nur der optimale Zielfunktionswert. Das Programm soll nicht zur Ermittlung der optimalen Permutationen dienen, sondern nur zur Demonstration der Zunahme der Rechenzeit bei dieser Methode. (Die Erzeugung aller Permutationen in lexikographischer Reihenfolge ist außerdem ein brauchbares »Dienstleistungsprogramm«, das nicht in jeder Programmsammlung vorhanden ist.) (Das Programm läßt maximal 10 Alternativen zu – wegen der Grenze der Rechenzeit. Sollen dennoch mehr als 10 Alternativen betrachtet werden, braucht man nur die erste Anweisung in naheliegender Weise zu verändern.)

```
      INTEGER MATRIX(100),P1(100),PI(10)
      LOGICAL*1 FRAGE
      READ(5,100) N
100   FORMAT(I2)
      WRITE(6,200) N
200   FORMAT(' ANZAHL DER ALTERNATIVEN=',I2,/,' P1-PROTOKOLL:')
      NQ = N**2
      DO 1 I = 1, N
      READ(5,300)   (P1(I+(J-1)*N),J=1,N)
1     WRITE(6,400)  (P1(I+(J-1)*N),J=1,N)
300   FORMAT(16I5)
400   FORMAT(' ',16I5)
      DO 2 I=1,N
2     PI(I) = I
      IMAX = 0
1975  CALL PERMAT(PI,N,MATRIX)
      IS=0
      DO 1976 I = 1,NQ
1976  IS = IS + P1(I)*MATRIX(I)
      IF(IS .GT. IMAX ) IMAX= IS
      CALL NEXT (PI,N,FRAGE)
      IF(FRAGE) GO TO 1975
      WRITE(6,500) IMAX
500   FORMAT(' IMAX = ', I10)
      STOP
      END
```

Das Hauptprogramm hat folgende vier Unterprogramme (PERMAT, NEXT, RETRO, DOWN):

Subroutine PERMAT

Eingabewerte: PI,N   (Permutation von N Elementen)
Ausgabewert: A   (Matrix vom Typ NxN)

Die Matrix A wird durch einen Vektor mit $N**2$ Komponenten dargestellt.

```
      SUBROUTINE PERMAT(PI,N,A)
      INTEGER PI(1),A(1)
      DO 1 I=1,N
      DO 1 J=1,N
      A(I+N*(J-1)) = 0
      IF( PI(I) .LT. PI(J) ) A(I + N*(J-1)) = 1
1     CONTINUE
      RETURN
      END
```

Subroutine NEXT

Eingabewerte: PI,N   (Permutation aus N Elementen)
Ausgabewerte: PI, FRAGE   (lexikographisch folgende Permutation, falls möglich (FRAGE=.TRUE.) – sonst erhält FRAGE den Wert .FALSE.)

Verwendete Unterprogramme: RETRO und DOWN (organisatorische Hilfsprogramme)

```
      SUBROUTINE NEXT(PI,N,FRAGE)
      INTEGER PI(N)
      LOGICAL*1 FRAGE
      CALL RETRO(PI,N)
      DO 1 I=2,N
      IF(PI(I).LT.PI(I-1)) GO TO 2
1     CONTINUE
      FRAGE=.FALSE.
      RETURN
2     PII=PI(I)
      CALL DOWN(PI,I)
      DO 3 J=2,I
      IF(PI(J).EQ.PII) GO TO 4
```

```
3     CONTINUE
4     PIJ=PI(J-1)
      JM=J-1
      IM=I-1
      DO 5 K=JM,IM
5     PI(K)=PI(K+1)
      PI(I)=PIJ
      FRAGE=.TRUE.
      CALL RETRO(PI,N)
      RETURN
      END

      SUBROUTINE RETRO(PI,N)
      INTEGER PI(N)
      NHALB=N/2
      DO 1  I=1,NHALB
      ISAVE=PI(I)
      PI(I)=PI(N+1-I)
1     PI(N+1-I)=ISAVE
      RETURN
      END

      SUBROUTINE DOWN(X,N)
      INTEGER X(N)
      NM=N-1
      DO 1 I=1,NM
      IP=I+1
      DO 1 J=IP,N
      IF(X(I)-X(J)) 2,1,1
2     ISAVE=X(I)
      X(I)=X(J)
      X(J)=ISAVE
1     CONTINUE
      RETURN
      END
```

I. Charakteristische Funktion einer Relation

Ist R eine Relation über einer Menge A, so kann man A charakterisieren durch die zu R gehörige »charakteristische Funktion«

$x: A \times A \to \{0,1\}$

die folgendermaßen definiert werde:

$x(a,b) = 1$, falls $a\,R\,b$
$x(a,b) = 0$, sonst.

Legt man für A eine Reihenfolge der Elemente fest, etwa durch

$A = \{a_1, a_2, \ldots, a_m\}$,

so läßt sich eine Relation durch eine mxm-Matrix aus Nullen und Einsen charakterisieren.

J. P_1-Protokoll und charakteristische Funktionen

Sei A eine endliche Menge von Alternativen (Card A = m). G sei ein Gremium von Entscheidungsträgern. Die Abbildung

$$\pi: G \to Ord(A)$$

gebe die individuellen Präferenzen der Entscheidungsträger an. Zur Vereinfachung der Bezeichnungsweise werde das Gremium G durch $\{1, 2, \ldots, n\}$ dargestellt (also Card G = n). Dann schreibe man

π_i statt $\pi(i)$

für die i-te individuelle Präferenz. Die zur Präferenz π_i gehörige charakteristische Funktion werde mit x_i bezeichnet.
Dann gilt offenbar:

$$P_1(a,b) = \sum_{i=1}^{n} x_i(a,b) \quad .$$

Die Matrix, die das P_1-Protokoll darstellt, ergibt sich als Summe der Matrizen, die die individuellen Präferenzen darstellen – jeweils bezüglich einer festen Numerierung der Alternativen. Bezeichnet man die Menge der Alternativen mit

$$A = \{a_1, a_2, \ldots, a_m\} \quad ,$$

so betrachte man die Matrizen

$P_1(a_i, a_j)$ $(i=1,2,\ldots,m; j=1,2,\ldots,m)$

und

$x_k(a_i, a_j)$ $(i=1,2,\ldots,m; j=1,2,\ldots,m)$

für $k = 1, 2, \ldots, n$.

K. Hamming-Distanz zwischen charakteristischen Funktionen

Sind

$x_1: A \times A \to \{0,1\}$

$x_2: A \times A \to \{0,1\}$

charakteristische Funktionen, so definiert man als Hamming-Distanz

$$\delta(x_1, x_2) = \sum_{a \in A} \sum_{b \in A} (x_1(a,b) - x_2(a,b))^2 \quad .$$

Die charakteristischen Funktionen sind hier in der speziellen Form für Relationen über A geschrieben worden (weil sie im Folgenden in dieser Form auftreten). Natürlich kann man charakteristische Funktionen für beliebige Teilmengen einer fest vorgegebenen Menge definieren.
Die »arithmetischen« Werte 0 und 1 kann man auch als »logische« Werte Falsch und Wahr verstehen. Dann würde man nicht eine Differenz quadrieren, sondern eine logische Funktion mit der Wahrheitstafel wie in Tab. 4 angegeben

Tabelle 4

Falsch	Falsch	Falsch
Falsch	Wahr	Wahr
Wahr	Falsch	Wahr
Wahr	Wahr	Falsch

definieren.
Betrachtet man zu den charakteristischen Funktionen wieder die ursprünglichen Größen (hier: die Relationen), so kann man die Hamming-Distanz zwischen diesen Größen entsprechend definieren.
Der Begriff stammt aus der Informatik und müßte eigentlich »Stellendistanz« heißen (die Hamming-Distanz in der Informatik ist definiert als das Minimum aller Stellendistanzen, die zwischen Nutzworten eines Codes auftreten, und größer als Null sind).
Im folgenden werden Hamming-Distanzen zwischen Präferenzrelationen betrachtet.

L. Transitive Mehrheitsentscheidung als optimaler Kompromiß

Gegeben sei ein P_1-Protokoll mit der Eigenschaft

$$a \neq b \rightarrow P_1(a,b) \neq P_1(b,a)$$

für alle a, b aus der Alternativenmenge A. (Über je zwei Alternativen kann also mit einfacher Mehrheit entschieden werden, weil Stimmengleichheit nicht vorkommt.)
Dann definiere man eine Relation π^* durch

$$a \pi^* b \leftrightarrow P_1(a,b) > P_1(b,a) \ .$$

Offenbar ist π^* antireflexiv. Über Transitivität von π^* kann man ohne besondere Voraussetzungen nicht sagen (vgl. die Literaturangaben im zweiten Kapitel, Abschnitt C).
Im folgenden sei vorausgesetzt, daß π^* transitiv ist. Dann gilt offenbar

```
π* ∈ Ord(A), ja sogar π* ∈ tOrd(A) .
```

π^* ist also eine lineare Präferenz. Diese lineare Präferenz ist dann ein optimaler Kompromiß nach der hier verwendeten Definition. Ausführlicher:
Ist

```
x*: A × A → { 0,1 }
```

die charakteristische Funktion, die zu π^* gehört, so ist x^* optimale Lösung der folgenden Optimierungsaufgabe:

```
Σ   Σ   x(a,b)·P (a,b) = max ,
a∈A b∈A             1
```

wobei x alle charakteristischen Funktionen von Ordnungsrelationen über A durchläuft.
Beweis:
Wir verwenden folgende Abkürzung:
$\Sigma(a,b)\ldots$ = Summe über alle $(a,b) \in A \times A$ mit der Eigenschaft $a\pi^* b$.
Der Wert der Zielfunktion für x^* läßt sich dann schreiben als

```
Σ(a,b) P (a,b) .
        1
```

Dieser Wert ist aber eine obere Schranke für alle Zielfunktionswerte, denn

```
Σ   Σ   x(a,b)·P (a,b) = Σ(a,b) x(a,b)·P (a,b) + Σ(b,a) x(a,b)·P (a,b) .
a∈A b∈A         1                     1                        1
```

Die Summe über alle $(a,b) \in A \times A$ wird in zwei Teilsummen zerlegt: einmal werden alle Summanden zusammengefaßt, für die gilt $a\pi^* b$, dann alle Summanden, für die gilt $b\pi^* a$. Die Summanden mit $a = b$ können wegfallen, weil $P_1(a,a) = 0$.
Die Summe läßt sich weiter umformen zu

```
Σ(a,b) (x(a,b)·P (a,b) + x(b,a)·P (b,a)) .
                 1                1
```

Da die Werte $x(a,b)$ und $x(b,a)$ nicht gleichzeitig den Wert Eins annehmen können (weil eine Ordnungsrelation transitiv und antireflexiv ist), läßt sich die Summe abschätzen

```
≤ Σ(a,b) max(P (a,b), P (b,a)) .
              1        1
```

Nach Definition von x^* (bzw. π^*) läßt sich diese Summe umformen zu

```
Σ(a,b) P (a,b) .
        1
```

Das ist gerade der Wert der Zielfunktion für x^*.

M. Ein Programm für Mehrheitsentscheidungen

Das folgende FORTRAN-IV-Hauptprogramm ABSTIMMUNG versucht, den optimalen Kompromiß durch Abstimmung über die Alternativen zu finden (sofern das möglich ist).
Eingelesen werden: Die Anzahl der Alternativen (FORMAT(I2)) und das P_1-Protokoll zeilenweise (FORMAT(16I5)).
Ausgegeben werden: Eine Matrix aus Nullen und Einsen, die die »Mehrheitsrelation« angibt. Falls das Abstimmungsparadoxon vorliegt, wird dies vermerkt (Textausgabe: ABSTIMMUNGSPARADOXON). Wenn das Abstimmungsparadoxon nicht vorliegt, sind zwei Fälle zu unterscheiden: Die »Mehrheitsrelation« ist eine lineare Ordnungsrelation (Textausgabe: OPTIMALE PRAEFERENZ) oder sie ist eine nicht-lineare Ordnungsrelation. In diesem Fall wird die »Mehrheitspräordnung« als Matrix aus Nullen und Einsen ausgegeben.
Als »Mehrheitsrelation« MR wird hier definiert

$$x \text{ MR } y \leftrightarrow P_1(x,y) > P_1(y,x)$$

(man beachte die strikte Relation »größer als«). Diese Relation ist sicher antireflexiv. Transitiv ist sie, wenn das Abstimmungsparadoxon nicht vorliegt. In diesem Fall läßt sich als »Mehrheitspräordnung« definieren

$$x \text{ MP } y \leftrightarrow P_1(x,y) \geq P_1(y,x).$$

Die Mehrheitspräordnung ist nach Definition bzw. Voraussetzung reflexiv und transitiv. Sie muß aber darüber hinaus linear (total) sein, denn es gilt stets

$$P_1(x,y) \geq P_1(y,x) \quad \text{oder} \quad P_1(y,x) \geq P_1(x,y) \,.$$

Das Programm sieht maximal 32 Alternativen vor (sonst ist die Dimensionierung in der ersten Anweisung zu ändern).

```
      INTEGER*2 P1(1024),MATRIX(1024)
      LOGICAL*1 FRAGE
      READ(5,100) N
  100 FORMAT(I2)
      WRITE(6,200) N
  200 FORMAT(' ANZAHL DER ALTERNATIVEN=',I2,/,'P1-PROTOKOLL:')
      DO 1 I=1,N
      READ(5,300)  (P1(I+(J-1)*N),J=1,N)
    1 WRITE(6,400) (P1(I+(J-1)*N),J=1,N)
  300 FORMAT(16I5)
  400 FORMAT(' ',26I5)
      CALL MEHRHR(P1,N,MATRIX)
      DO 2 I=1,N
    2 WRITE(6,500) (MATRIX(I+(J-1)*N),J=1,N)
  500 FORMAT(' ',32I2)
      CALL ORD(MATRIX,N,FRAGE)
      IF(FRAGE) GO TO 3
      WRITE(6,600)
  600 FORMAT(' ABSTIMMUNGSPARADOXON')
      STOP
```

```
    3 CALL TORD(MATRIX,N,FRAGE)
      IF (.NOT. FRAGE) GO TO 4
      WRITE(6,700)
  700 FORMAT(' OPTIMALE PRAEFERENZ')
      STOP
    4 CALL MEHRHP(P1,N,MATRIX)
      DO 5 I=1,N
    5 WRITE(6,500) (MATRIX(I+(J-1)*N),J=1,N)
      STOP
      END

      SUBROUTINE MEHRHR(P1,N,MATRIX)
      INTEGER*2 P1(1),MATRIX(1)
      DO 1 I=1,N
      DO 1 J=1,N
      MATRIX(I+(J-1)*N) =0
      IF( P1(I+N*(J-1)) .GT. P1(J+N*(I-1)) ) MATRIX(I+N*(J-1)) = 1
    1 CONTINUE
      RETURN
      END
      SUBROUTINE MEHRHP(P1,N,MATRIX)
      INTEGER*2 P1(1),MATRIX(1)
      DO 1 I=1,N
      DO 1 J=1,N
      MATRIX(I+(J-1)*N) =0
      IF( P1(I+N*(J-1)) .GE. P1(J+N*(I-1)) ) MATRIX(I+N*(J-1)) = 1
    1 CONTINUE
      RETURN
      END

      SUBROUTINE TORD(A,M,FRAGE)
      INTEGER*2 A(1)
      LOGICAL*1 FRAGE
      DO 1 I=1,M
      II = I + (I-1)*M
      IF ( A(II) .EQ. 1 ) GO TO 2
      DO 1 J=1,M
      IJ = I + (J-1)*M
      JI = J+(I-1)*M
      IF( I.NE.J .AND. A(IJ)+A(JI) .NE. 1 ) GO TO 2
      DO 1 K = 1,M
      JK = J + (K-1)*M
      IK = I + (K-1)*M
      IF ( A(IJ) + A(JK) .EQ. 2 .AND. A(IK) .EQ. 0 ) GO TO 2
    1 CONTINUE
      FRAGE = .TRUE.
      RETURN
    2 FRAGE = .FALSE.
      RETURN
      END
```

Bemerkung: Für die Matrix A wurde der Typ INTEGER*2 gewählt, weil mit den Elementen der Matrix arithmetische Operationen ausgeführt werden. Man würde noch mehr Speicherplatz sparen, wenn der Typ LOGICAL*1 gewählt würde. Dann müssen allerdings die Abfragen in TORD »rein logisch« formuliert werden.

(SUBROUTINE ORD ist angegeben beim Hauptprogramm ORDNUNGEN.)

N. Maximierung der Zustimmung und Minimierung der (Summe der) Hamming-Distanzen

A sei eine Menge von Alternativen (Card A = m). G sei ein Gremium von Entscheidungsträgern, das zur Vereinfachung der Schreibweise mit $\{1, 2, \ldots, n\}$ identifiziert werde. Eine Familie von Präferenzen sei gegeben durch

$$\pi : G \to \text{Ord}(A).$$

Zur Vereinfachung der Schreibweise setzen wir $\pi(i) = \pi_i$. Die zur Präferenz π_i gehörige charakteristische Funktion werde mit x_i bezeichnet.
Für eine Präferenz $\pi^* \in t\text{Ord}(A)$ mit der charakteristischen Funktion x^* sind folgende beiden Eigenschaften äquivalent:

$$(*) \quad \sum_{a \in A} \sum_{b \in A} x^*(a,b) \cdot P_1(a,b) = \max$$

$$(**) \quad \sum_{i=1}^{n} \sum_{a \in A} \sum_{b \in A} (x^*(a,b) - x_i(a,b))^2 = \min$$

Beweis:
Es ist

$$(x^*(a,b) - x_i(a,b))^2 = (x^*(a,b))^2 - 2x^*(a,b)x_i(a,b) + (x_i(a,b))^2.$$

Da π^* eine *totale* Ordnung sein sollte, ist

$$\sum_{i=1}^{n} \sum_{a \in A} \sum_{b \in A} (x^*(a,b))^2 = \binom{m}{2} \cdot n$$

also für die Optimierungsaufgabe eine Konstante. Da die Werte $x_i(a,b)$ für die Optimierungsaufgabe vorgegeben sind, ist auch

$$\sum_{i=1}^{n} \sum_{a \in A} \sum_{b \in A} (x_i(a,b))^2$$

eine Konstante. Die Eigenschaft (**) läßt sich also äquivalent umformen zu

$$(***) \quad \sum_{i=1}^{n} \sum_{a \in A} \sum_{b \in A} x^*(a,b) x_i(a,b) = \max$$

(indem der konstante Faktor 2 weggelassen wurde und das Minuszeichen berücksichtigt wurde.)
Beachtet man jetzt noch

$$\sum_{i=1}^{n} x_i(a,b) = P_1(a,b),$$

so erhält man (*).

Wenn der zulässige Bereich für Kompromisse erweitert wird auf beliebige, nicht notwendig lineare Präferenzen, so sind die Eigenschaften (*) und (**) nicht mehr äquivalent.

Beispiel: Es werden 3 Alternativen a, b, c betrachtet. Das Gremium bestehe aus 10 Entscheidungsträgern mit der Präferenz a > b (und sonst nichts) und einem Entscheidungsträger mit der Präferenz a > c (und sonst nichts). Optimal im Sinne von (*) ist der Kompromiß a > b *und* a > c, optimal im Sinne von (**) ist der Kompromiß a > b (und sonst nichts).

O. Wert-Determinante (eines P_1-Protokolls)

Gegeben sei eine Alternativenmenge A, deren Elemente in einer festgelegten Reihenfolge numeriert seien:

$$A = \{a_1, a_2, \ldots, a_m\}.$$

Ein Gremium von n Entscheidungsträgern erhebt hierzu ein P_1-Protokoll. Da die Elemente der Alternativenmenge numeriert sind, kann man das P_1-Protokoll als mxm-Matrix

$$\begin{pmatrix} a_{11} & a_{12} & a_{13} & \cdots & a_{1m} \\ a_{21} & a_{22} & a_{23} & \cdots & a_{2m} \\ \cdots & \cdots & \cdots & \cdots & \cdots \\ a_{m1} & a_{m2} & a_{m3} & \cdots & a_{mm} \end{pmatrix}$$

angeben, wobei die Diagonale aus Nullen besteht:

$$a_{11} = a_{22} = \cdots = a_{mm} = 0.$$

Gesucht ist eine optimale Präferenz. Bezeichnet man deren charakteristische Funktion mit x^*_{ij}, so soll also gelten

$$\sum_{i,j} x^*_{ij} a_{ij} = \max.$$

Es kann mehrere optimale Präferenzen geben. Eindeutig bestimmt ist jedoch der optimale Wert der Zielfunktion. Für diesen Wert soll der Name »Wert-Determinante« eingeführt werden (einmal, weil das Argument dieser Funktion eine mxm-Matrix ist, zum anderen, weil bei der Berechnung dieser Funktion m! Permutationen gebildet werden – jedenfalls nach Definition).

P. Das Programm WERTE1

Das folgende ALGOLW-Programm ist für maximal 32 Alternativen anwendbar. Allerdings steigt die Rechenzeit sehr schnell, so daß die Anzahl der Alternativen nicht wesentlich über 10 steigen darf (vgl. dazu den folgenden Abschnitt über die Rechenzeit des Programms WERTE1). Das Programm WERTE2 (in FORTRAN IV) ist praktikabler. Das ALGOLW-Programm ist jedoch theoretisch interessant, weil es eine Prozedur rekursiv aufruft.

Eingelesen wird zunächst die Anzahl der Alternativen (auf der ersten Lochkarte – formatfrei). Auf den folgenden Karten wird das P_1-Protokoll zeilenweise eingelesen (formatfrei mit Hilfe von READ und READON).

Ausgegeben werden die Werte der Alternativen (bezüglich der gesamten Alternativenmenge).

```
BEGIN
INTEGER ARRAY P1(1::32,1::32);
LOGICAL ARRAY MENGE(1::32);
INTEGER N,WE;
INTEGER PROCEDURE WERT(INTEGER ARRAY P1(*,*);INTEGER VALUE IX;
  LOGICAL ARRAY MENGE(*));
BEGIN
LOGICAL ARRAY MENGEW(1::32);
INTEGER ARRAY NM(1::32);
INTEGER WERTI,M,ZEILE,MAX,WER;
M:=0;
FOR I:=1 STEP 1 UNTIL 32 DO
BEGIN
     IF ¬ MENGE(I) THEN GO TO A;
        M:=M+1;
        NM(M):=I;
     A :   END;
IF M=0 THEN GO TO C;
IF IX>M THEN GO TO C;
IF M=1 THEN GO TO C;
FOR I:=1 STEP 1 UNTIL 32 DO
   MENGEW(I):=MENGE(I);
MENGEW(NM(IX)):=FALSE;
ZEILE:=0;
FOR I:=1 STEP 1 UNTIL M DO
     ZEILE:=ZEILE+P1(NM(IX),NM(I));
MAX:=0;
FOR I:=1 STEP 1 UNTIL (M-1) DO
   BEGIN
       WERTI:=WERT(P1,I,MENGEW);
       IF WERTI>MAX THEN MAX:=WERTI;
   END;
WER:=ZEILE+MAX;
GO TO D;
C: WER:=0;
D:  ;WER
END;
FOR I:=1 STEP 1 UNTIL 32 DO
  BEGIN
   FOR J:=1 STEP 1 UNTIL 32 DO
     P1(I,J):=0;
   END;
READ(N);
WRITE(N);
FOR I:=1 STEP 1 UNTIL N DO
BEGIN
READ(P1(I,1));
WRITE(P1(I,1));
FOR J:=2 STEP 1 UNTIL N DO
```

```
BEGIN
READON(P1(I,J));
WRITEON(P1(I,J));
END;
END;
FOR I:=1 STEP 1 UNTIL N DO MENGE(I):=TRUE;
FOR I:=N+1 STEP 1 UNTIL 32 DO MENGE(I):=FALSE;
FOR I:=1 STEP 1 UNTIL N DO
   BEGIN WE:=WERT(P1,I,MENGE); WRITE(WE) END;
END.
```

Q. Das Hauptprogramm WERTE2

In dem folgenden FORTRAN-IV-Programm hängen die Speicherplatzanforderungen stark von der Anzahl der Alternativen ab. Bezeichnet man die Anzahl der Alternativen mit N (die Umstellung auf die im Text verwendete Bezeichnung m wäre etwas mühsam), so wären die Speicherplatzanforderungen beschrieben durch

```
INTEGER P1(N**2),WERT(N*2**N),NM(N)
```

(wenn das möglich wäre).
Das folgende Programm wurde für Werte $N \leq 12$ geschrieben (weil hier eine gewisse Grenze für Speicherplatz und Rechenzeit liegt). Es kann natürlich auch für Werte $N > 12$ verwendet werden, wenn die erste Anweisung des Programms entsprechend verändert wird.
Eingelesen wird zunächst die Zahl der Alternativen (im FORMAT(I2)). Die folgenden N Karten enthalten das P_1-Protokoll zeilenweise (jeweils im FORMAT(16I5)).
Ausgegeben werden alle Teilmengen der Alternativenmenge: zuerst die 1-elementigen, dann die 2-elementigen,..., schließlich die N-elementigen. Diese Teilmengen werden angegeben durch die Nummern der Elemente.
Neben die Teilmengen werden die Werte ihrer Elemente (in dieser Teilmenge) aufgeschrieben.
Um den Output nicht zu lang werden zu lassen, wurde die Abfrage

```
IF( M .LE. N-2 ) GO TO 3
```

vor die WRITE-Anweisungen gestellt. Dann werden nur noch die 1-elementigen Teilmengen, die (N−1)-elementigen Teilmengen und die N-elementige Teilmenge schriftlich festgehalten. Wenn man an den anderen Werten interessiert ist, braucht man nur den oben genannten bedingten Sprung aus dem Programm herauszunehmen.

```
      INTEGER P1(144),WERT(49152),NM(12)
      READ(5,100) N
100   FORMAT(I2)
      WRITE(6,200) N
200   FORMAT(' ANZAHL DER ALTERNATIVEN=',I2,/,' P1-PROTOKOLL:')
      L = 2**N
      L1=L-1
      DO 1 I = 1, N
      READ(5,300)   (P1(I+(J-1)*N),J=1,N)
1     WRITE(6,400)  (P1(I+(J-1)*N),J=1,N)
300   FORMAT(16I5)
400   FORMAT(' ',16I5)
      WRITE(6,500)
500   FORMAT(' ELEMENTE:',27X,'WERTE:')
      IF(N.LT.1) STOP
      DO 2 I=1,N
      NMENGE = 2**(I-1)
      WERT(NMENGE) = 0
2     WRITE(6,600) I,WERT(NMENGE)
600   FORMAT(' ',I3,33X,I9)
      DO 3 M=2,N
      DO 3 NMENGE=1,L1
      KARD=0
      MMENGE=NMENGE
      DO 4 I=1,N
      IDUAL=MMENGE - 2*(MMENGE/2)
      IF (IDUAL.EQ.0) GO TO 4
      KARD=KARD+1
      IF(KARD.GT.M) GO TO 3
      NM(KARD) = I
4     MMENGE=MMENGE/2
      IF(KARD.LT.M) GO TO 3
      DO 5 IX=1,M
      NMENGW = NMENGE - 2**(NM(IX) - 1)
      IZEILE = 0
      DO 6 I = 1, M
      II = NM(IX) + (NM(I)-1)*N
6     IZEILE = IZEILE + P1(II)
      IMAX = 0
      M1 = M - 1
      DO 7 I=1,M1
      II = WERT(NMENGW + (I-1)*L)
      IF(II.GT.IMAX) IMAX = II
7     CONTINUE
      WERT(NMENGE + (IX-1)*L ) = IZEILE + IMAX
5     CONTINUE
      IF( M .LE. N-2 ) GO TO 3
      WRITE(6,700)  (NM(II),II=1,M)
      WRITE(6,800)  (WERT(NMENGE+(JJ-1)*L),JJ=1,M)
3     CONTINUE
700   FORMAT(' ',12I3)
800   FORMAT('+',36X,12I8)
      STOP
      END
```

R. Das Programm WERTE3

Das folgende PASCAL-Programm ist analog aufgebaut wie das Programm im Abschnitt P und es gelten entsprechende Bemerkungen.

```
PROGRAM WERTE3(INPUT,OUTPUT);
TYPE INTARR = ARRAY(.1..32.) OF INTEGER;
  BOOLARR = ARRAY(.1..32.) OF BOOLEAN;
  PROTO = ARRAY(.1..32,1..32.) OF INTEGER;
VAR K,J,N,WE: INTEGER;
    P1: PPROTO;
    MENGE: BOOLARR;
```

```
FUNCTION WERT(P1:PROTO;IY:INTEGER;MENGE: BOOLARR): INTEGER;
LABEL 1,2,3;
VAR NM: INTARR;
    MENGEW: BOOLARR;
    I,WERTI,M,ZEILE,MAX,WER: INTEGER;
BEGIN
M:=0;
FOR I:=1 TO 32 DO
BEGIN
   IF NOT MENGE(.I.) THEN GOTO 1;
   M:=M+1;NM(.M.):=I;
   1:  ;
END;
IF M=0 THEN GOTO 2;
IF IY>M THEN GOTO 2;
IF M=1 THEN GOTO 2;
FOR I:=1 TO 32 DO
 MENGEW(.I.) := MENGE(.I.);
MENGEW(.NM(.IY.).):=FALSE;
ZEILE:=0;
FOR I:=1 TO M DO ZEILE:=ZEILE+P1(.NM(.IY.),NM(.I.).);
MAX:=0;
FOR I:=1 TO M-1 DO
BEGIN
   WERTI:=WERT(P1,I,MENGEW);
   IF WERTI>MAX THEN MAX:=WERTI;
END;
WERT:=ZEILE+MAX;
GOTO 3;
2: WERT:=0;
3:  ;
END;
BEGIN
FOR K:=1 TO 32 DO
    BEGIN
       FOR J:=1 TO 32 DO P1(.K,J.):=0;
    END;
READLN(N);WRITELN(N);
FOR K:=1 TO N DO
BEGIN
   FOR J:=1 TO N DO BEGIN READ(P1(.K,J.));WRITE (P1(.K,J.)) END;
   READLN;WRITELN;
END;

FOR K:=1 TO N DO MENGE(.K.):=TRUE;
FOR K:=N+1 TO 32 DO MENGE(.K.):=FALSE;
FOR K:=1 TO N DO
    BEGIN WE:=WERT(P1,K,MENGE);WRITE(WE) END;
END.
```

S. Rechenzeiten

I. Rechenzeit für das Programm WERTE1

Anhand von Testdaten wurde untersucht, wie die Rechenzeit des Programms mit zunehmender Alternativenzahl wächst.
Das Programm wurde mit dem ALGOLW-Compiler des Hochschulrechenzentrums Dortmund kompiliert (in 0.55 sec).
Bei 6 Alternativen (den ersten 6 Alternativen aus den 16 betrachteten) ergab sich eine Rechenzeit von 3.05 sec (CPU).

Bei 7 Alternativen betrug die Rechenzeit 20.03 sec (CPU).
Bei 8 Alternativen steigerte sich die Rechenzeit auf 160.74 sec (CPU), bei 9 Alternativen ergab sich innerhalb von 5 Minuten (CPU) kein Ergebnis.
Offenbar wächst die Rechenzeit wie m! (Faktor m, wenn die Alternativenzahl um Eins steigt).
Der Algorithmus scheint nicht einfacher zu sein als das Durchprobieren aller m! Permutationen der m Alternativen.
Das liegt aber nicht an der Funktion, die berechnet wird, sondern an dem rekursiven Algorithmus (vgl. dazu den Abschnitt F im dritten Kapitel).
Das Programm WERTE2 verwendet keinen rekursiven Aufruf (weil das in FORTRAN IV gar nicht möglich ist). Dann ergibt sich ein anderes Bild: wenn die Alternativenzahl um Eins steigt, wird die Rechenzeit nicht mehr mit dem Faktor m multipliziert, sondern sie verdoppelt sich ungefähr.

II. Rechenzeit für das Programm WERTE2

Das Programm wurde mit dem FORTRAN H EXTENDED Compiler (PARM='OPT(2)') kompiliert (in 2.02 sec).
Die Rechenzeit für die Testdaten wächst dann wie in Tab. 5 angegeben.

Tabelle 5

Anzahl der Alternativen	CPU-Zeit in sec
6	0.34
7	0.45
8	0.69
9	1.31
10	2.76
11	6.11
12	13.66

Obwohl in dem Programm WERTE2 eine rechenintensive Erzeugung der Teilmengen der Alternativenmenge verwendet wird (Gödelisierung der Teilmengen; Durchsuchen eines Zahlbereichs; Aussonderung der Zahlen, die Teilmengen mit vorgegebener Elementezahl darstellen), bleibt die Rechenzeit sehr gering.
Selbstverständlich ließe sich das Programm auch in ALGOL W schreiben (oder in PASCAL). Die Schnelligkeit der Berechnung liegt nicht an der verwendeten Programmiersprache, sondern an der Art der Programmierung (nichtrekursiv).

Für noch schnellere Programme sei auf das vierte Kapitel verwiesen (Branch and Bound). Allerdings wird bei diesen Algorithmen nicht die Funktion Wert(x, X) berechnet, sondern unmittelbar eine P_1-optimale Präferenzrelation. Für das Bewertungsverfahren aus Kapitel fünf sind diese Algorithmen nicht einsetzbar (wohl aber im Abschnitt E des sechsten Kapitels).

III. Rechenzeit für das Programm WERTE3

Die Ergebnisse sind ähnlich wie beim Programm WERTE1. Das dauernde Neuberechnen der Zwischenwerte beim rekursiven Prozeduraufruf verbraucht viel Rechenzeit. Allerdings ist die Rechenzeit nicht die einzige Ressource. Werden die Zwischenwerte abgespeichert (wie im Programm WERTE2), so wird immer mehr Speicherplatz verbraucht.
Es lohnt sich aber nicht, ein Kompliziertheitsmaß für die Algorithmen festzulegen, da sie aus psychologischen Gründen ohnehin nur für maximal 12 Alternativen eingesetzt werden.

T. Ein Programm zur Berechnung der kollektiven Nutzenskala

```
      SUBROUTINE KNS(M,N,P1,BEW)
      INTEGER*2 P1(1),BEW(1),WERT(49152),NM(12),BEWW(12)
C        MAXIMAL 12 ALTERNATIVEN
      L=2**M
      L1 = L-1
      IF (M .LT. 1) RETURN
      DO 2 I=1,M
      NMENGE = 2**(I-1)
    2 WERT(NMENGE) = 0
      DO 3 K=2,M
      DO 3 NMENGE=1,L1
      KARD=0
      MMENGE=NMENGE
      DO 4 I=1,M
      IDUAL=MMENGE - 2*(MMENGE/2)
      IF (IDUAL.EQ.0) GO TO 4
      KARD=KARD+1
      IF(KARD.GT.K) GO TO 3
      NM(KARD) = I
    4 MMENGE=MMENGE/2
      IF(KARD.LT.K) GO TO 3
      DO 5 IX=1,K
      NMENGW = NMENGE - 2**(NM(IX) - 1)
      IZEILE = 0
      DO 6 I = 1, K
      II = NM(IX) + (NM(I)-1)*M
    6 IZEILE = IZEILE + P1(II)
      IMAX = 0
      K1 = K-1
      DO 7 I=1,K1
      II = WERT(NMENGW + (I-1)*L)
      IF(II.GT.IMAX) IMAX = II
    7 CONTINUE
      WERT(NMENGE + (IX-1)*L ) = IZEILE + IMAX
    5 CONTINUE
      IF( K .LE. M-2 ) GO TO 3
```

```
3    CONTINUE
     NMENGE = 2**M - 1
     DO 10 I = 1,M
     BEWW(I) = 0
     BEW(I) = WERT(NMENGE + (I-1)*L )
10   CONTINUE
19   BMAX = 0
     DO 11 I = 1,M
     IF ( BEW(I) .GT.BMAX .AND. BEWW(I) .GE. 0 ) BMAX = BEW(I)
11   CONTINUE
     DO 12 I = 1,M
     IF ( BEW(I) .NE. BMAX .OR. BEWW(I) .LT. 0 ) GO TO 12
     MAX = I
     GO TO 13
12   CONTINUE
13   BEWW(MAX) = -1
     NMENGE =0
     KARD = 0
     DO 14 I = 1,M
     IF ( BEWW(I) .LT. 0 ) GO TO 14
     NMENGE = NMENGE + 2**(I-1)
     KARD = KARD + 1
     NM(KARD) = I
14   CONTINUE
     IF (KARD.EQ.0) GO TO 25
     DO 15 I = 1,KARD
15   BEWW(NM(I)) = WERT(NMENGE + (I-1)*L )
     BWMAX = 0
     DO 16 I = 1,M
     IF ( BEWW(I) .GT. BWMAX ) BWMAX = BEWW(I)
16   CONTINUE
     DO 116 I=1,M
     IF ( BWMAX.EQ.BEWW(I)) MEHR = MEHR+1
116  CONTINUE
     MEHR = MEHR - 1
     DO 17 I = 1,M
     IF ( BEWW(I) .NE. BWMAX ) GO TO 17
     MAXW = I
     GO TO 18
17   CONTINUE
18   DELTA = BEW(MAXW) - BEWW(MAXW)
     DO 21 I = 1,M
     IF ( BEWW(I) .GE. 0 ) BEW(I) = BEWW(I) + DELTA
21   CONTINUE
     GO TO 19
25   RETURN
     END
```

Eingabewerte: M = Anzahl der Alternativen

N = Anzahl der Entscheidungsträger

P1 = P_1-Protokoll als Vektor, wobei

P1(I + (J–1)*M) = der Wert in der I-ten Zeile und J-ten Spalte

Zur Einsparung von Speicherplatz sind für das P_1-Protokoll Werte vom Typ INTEGER*2 vorgesehen

Ausgabewerte: kollektive Nutzenskala für die M Alternativen als Vektor BEW mit Komponenten vom Typ INTEGER*2

Die Bemerkungen zum Hauptprogramm WERTE2 (im Abschnitt Q) gelten sinngemäß für das Unterprogramm KNS.

U. Das Hauptprogramm KNSDELPHI

Mit diesem Programm wurden die Ergebnisse im empirischen Anhang erzeugt. Im sechsten Kapitel, Abschnitt D, wird die Wirkungsweise des Programms näher erläutert.
Das verwendete FORTRAN-Hauptprogramm KNSDELPHI benutzt die Unterprogramme KORRE, DELPHI und KNS. (Das Unterprogramm KNS wurde schon im Abschnitt T beschrieben und ist deshalb im Folgenden nicht aufgeführt.)
Eingabedaten waren die Lochkarten, die mir vom Institut für Raumplanung dankenswerterweise zur Verfügung gestellt worden sind (ergänzt durch Trennkarten, die in der Anweisung Nr. 1977 gelesen werden).
Die zulässige prozentuale Abweichungsgrenze bei den Delphi-Gewichten ist im Programm angegeben als »ABW = 0.9« (unmittelbar nach der Anweisung Nr. 204).
Für die Daten der Gesamtrunde wurde das Programm geringfügig modifiziert (wie sich aus dem Computeroutput ersehen läßt).

```
         INTEGER*2 G(40,12),GSUMME(12)
         INTEGER*2 P1(144)
         INTEGER BMAX,BWMAX,DELTA,BEW(12)
         REAL GEW(12),GQUER(12),ZEILSU(12)
         REAL X(40)
         LOGICAL*1 FORM(26),NUTZ(4),RUNDE(20)
         LOGICAL*1 ENTSCH(40,12)
         REAL*8 TEXT/' MERKMAL'/
 1977    READ(5,100,END=9999) M,N,FORM,NUTZ,RUNDE
 100     FORMAT (2I2,26A1,4A1,16X,20A1)
         IF ( M .LE. 3) GO TO 1977
         WRITE(6,103) NUTZ,RUNDE,N,M
 103     FORMAT('1NUTZUNGSART:'/' ', 4A1/' DELPHI-RUNDE:'/' ',20A1/' ANZAHL
        * DER ENTSCHEIDUNGSTRAEGER: N = ',I2/' ANZAHL DER ALTERNATIVEN: M =
        *',I2,///)
         DO 8 I=1,N
 8       READ(5,FORM) (ENTSCH(I,J),J=1,12),(G(I,J),J=1,M)
         DO 9 I = 1,M
         DO 9 J = 1,M
         P1(I+(J-1)*M) =0
         DO 9 K=1,N
         IF(G(K,I) .GT. G(K,J) ) P1(I+(J-1)*M)= P1 (I+(J-1)*M) + 1
 9       CONTINUE
         WRITE(6,211)
 211     FORMAT(' GEWICHTUNGEN:',/)
         WRITE(6,221) (TEXT,I,I=1,M)
 221     FORMAT(' ',' BEWERTER  ',12(A8,I2))
         DO 33 I = 1,N
 33      WRITE(6,210) (ENTSCH(I,J),J=8,12),(G(I,J),J=1,M)
 210     FORMAT(' ',3X,5A1,I9,11I10)
         WRITE(6,220)
 220     FORMAT(//,' ABSTIMMUNGSERGEBNISSE:',/)
         WRITE(6,2211) (TEXT,I,I=1,M)
 2211    FORMAT(' ',' ',12(A8,I2))
         DO 1 I = 1, M
 1       WRITE(6,400) I,(P1(I+(J-1)*M),J=1,M)
 400     FORMAT(' MERKMAL',I2,' > ',I5,11I10)
         DO 44 I = 1,M
         ZEILSU(I) = 0
         DO 44 J = 1, M
```

```
 44    ZEILSU(I) = ZEILSU(I) + P1(I+(J-1)*M)
       P1S = 0.
       DO 441 I=1,M
441    P1S = P1S + ZEILSU(I)
       QINDIF = 1. - 2*P1S/(M*(M-1)*N)
       INDIFP = 100*QINDIF
       CALL KNS(M,N,P1,BEW)
       WRITE(6,204)
204    FORMAT(///' KOLLEKTIVE NUTZENSKALA:',/)
       ABW = 0.9
       IABW = 100.01 * ABW
       WRITE(6,201) (BEW(I),I=1,M)
201    FORMAT(' ',' KNS ',I5,11I10)
       DO 2201 I = 1,M
       DO 2202 J = 1,N
2202   X(J) = G(J,I)
2201   CALL DELPHI(X,N,ABW,GQUER(I))
       DO 231 I=1,M
231    GEW(I) = BEW(I)
       CALL KORRE(GQUER,GEW,M,R)
       WRITE(6,207) IABW,(GQUER(I),I=1,M)
207    FORMAT(/' DELPHI-GEWICHTE (ABW.MAX. ',I3,'%):'//' ',' DEL
      *F8.2,11F10.2,//)
       WRITE(6,206) R
206    FORMAT(/,' KORRELATIONSKOEFFIZIENT (DEL UND KNS) R =',F6.3)
       WRITE(6,208) INDIFP
208    FORMAT(' ANTEIL DER INDIFFERENZEN:',I3,'%')
       GO TO 1977
9999   STOP
       END


       SUBROUTINE KORRE(X,Y,N,R)
       REAL X(N),Y(N)
       SX = 0
       SY = 0
       DO 1 I = 1, N
       SX = SX + X(I)
1      SY = SY + Y(I)
       XQUER = SX/ N
       YQUER = SY / N
       VARXY = 0
       VARX = 0
       VARY =0
       DO 2 I = 1 , N
       VARXY = VARXY + (X(I)-XQUER)*(Y(I)-YQUER)
       VARX = VARX + (X(I)-XQUER)**2
2      VARY = VARY + ( Y(I) - YQUER ) **2
       R = VARXY / SQRT ( VARX * VARY )
       RETURN
       END



       SUBROUTINE DELPHI(X,N,ABW,GEWI)
       REAL X(N)
       S = 0
       DO 1 I = 1,N
1      S = S + X(I)
       IF ( N .EQ. 0 ) GO TO 4
       XQUER = S/N
       IF ( XQUER .EQ. 0 ) GO TO 5
       M = 0
       S = 0
       DO 2 I = 1,N
       IF ( ABS((X(I)-XQUER)/XQUER) .GT. ABW ) GO TO 2
       S = S + X(I)
       M = M + 1
2      CONTINUE
       IF ( M .EQ. 0 ) GO TO 4
       GEWI = S/M
       RETURN
4      WRITE(6,100)
100    FORMAT(' SINGULARITAET')
5      GEWI = 0
       RETURN
       END
```

V. Stimmenzahlen für Alternativen

Gegeben sei eine Menge A von Alternativen, Card A = m. Gegeben sei eine Abbildung s, definiert auf A mit Werten im Bereich der natürlichen Zahlen, die die Stimmenzahlen für die Alternativen angibt. Diese Abbildung soll durch ein Gremium G, Card G = n, zustande kommen. Alle individuellen Präferenzen haben die Form $a > b$ für alle $b \neq a$. Daher ergibt sich ein P_1-Protokoll der Form

$$P_1(a,b) = s(a) \quad \text{für } b \neq a ,$$

$$P_1(a,b) = 0 \quad \text{für } b = a .$$

Behauptung: Jede lineare Präferenz π^s mit der Eigenschaft

$$a \pi^s b \rightarrow s(a) \geq s(b) \quad \text{für alle } a \in A, b \in A$$

stellt einen optimalen Kompromiß dar.

Beweis: Sei x^s die charakteristische Funktion zu π^s. Dann ist zu zeigen

$$\sum_{a \in A} \sum_{b \in A} x^s(a,b) \cdot P_1(a,b) = \max$$

für alle linearen Präferenzen (damit ergibt sich dann die Optimalität auch für beliebige Präferenzen wegen des Satzes von Szpilrajn, vgl. Abschnitt B, Kap. 2). Definiert man für jedes $a \in A$

$$w^s(a) = \sum_{b \in A} x^s(a,b) ,$$

so kann man schreiben

$$\sum_{a \in A} \sum_{b \in A} x^s(a,b) \cdot P_1(a,b) = \sum_{a \in A} \sum_{b \in A} x^s(a,b) \cdot s(a) = \sum_{a \in A} s(a) \cdot w^s(a) .$$

Ordnet man die Menge der Alternativen nach π^s, so möge sich ergeben

$$a_1 > a_2 > a_3 > \ldots > a_m .$$

Sei π^0 eine beliebige lineare Präferenz über A und x^0 die charakteristische Funktion dazu. Für jedes $a \in A$ definiere man

$$w^0(a) = \sum_{b \in A} x^0(a,b) .$$

Dann gilt

$$w^0(a) = \sum_{i=1}^{m} x^0(a, a_i) .$$

Zu jeder totalen Ordnung auf A gibt es eine Abbildung

$$\beta : A \rightarrow \{1, 2, \ldots, m\}$$

mit der Eigenschaft

$a > b \leftrightarrow \beta(a) > \beta(b)$.

Sei β^0 eine zu π^0 gehörende Abbildung mit dieser Eigenschaft. Dann ergibt sich für die Zielfunktion

$$\sum_{a \in A} \sum_{b \in A} x^0(a,b) \cdot P_1(a,b)$$
$$= \sum_{i=1}^{m} s(a_i) \cdot w^0(a_i)$$
$$= \sum_{i=1}^{m} s(a_i) \cdot (\beta^0(a_i) - 1).$$

Da $s(a_i)$ schwach monoton fällt, erreicht man ein Maximum der Zielfunktion, wenn auch $\beta^0(a_i)$ monoton fällt. Dann muß gelten

$\beta^0(a_i) = m - i + 1$.

Und daraus ergibt sich, daß die Präferenz π^s optimal ist.

W. Dynamische Optimierung

Ein Prozeß verlaufe in m Stufen. In jeder Stufe lasse sich ein Nutzen berechnen. Die Summe der Nutzen in den m Stufen soll maximal werden.
Zu Beginn des Prozesses (in der Stufe 0) befinde sich das System im vorgegebenen Anfangszustand $x_0 = x_a$. In der ersten Stufe des Prozesses werde nun eine Entscheidung y_1 getroffen, durch die das System in den Zustand

$x_1 = f_1(x_0, y_1)$

übergehe. Die Funktion f_1 legt den Übergang von der Stufe 0 zur Stufe 1 fest. Dazu soll eine Nutzenfunktion u_1 gehören, deren Werte natürliche Zahlen sind.
Die Menge der möglichen Zustände in der Stufe r werde mit X_r bezeichnet (für r = 0, 1, ..., m). Es ist dann

$X_0 = \{x_0\} = \{x_a\}$.

Man kann nun nicht einfach die Menge der möglichen Entscheidungen in der Stufe r mit Y_r bezeichnen, denn die möglichen Entscheidungen in der r-ten Stufe können (ab r = 2) von dem Zustand in der vorhergehenden Stufe abhängen. Bezeichnen wir die Menge aller denkbaren Entscheidungen (in allen Stufen

zusammengenommen) mit Y, so gibt es Abbildungen Y_r, definiert auf X_{r-1} mit Werten in der Potenzmenge von Y, die die möglichen Entscheidungen in der Stufe r in Abhängigkeit von dem vorhergehenden Zustand beschreiben. Wie sollen nun die Definitionsbereiche der Übergangsfunktionen und Nutzenfunktionen aussehen?
Wir setzen

$$D_r = \{(x,y) \mid x \in X_{r-1} \wedge y \in Y_r(x)\} \quad \text{für } r=1, 2, \ldots, m.$$

Dann kann man die Übergangsfunktion in der r-ten Stufe schreiben als

$$f_r : D_r \to X_r$$

und die zugehörige Nutzenfunktion u_r ist definiert auf D_r mit Werten im Bereich der natürlichen Zahlen.
Die Optimierungsaufgabe läßt sich nun folgendermaßen formalisieren:

$$\text{maximiere} \quad \sum_{r=1}^{m} u_r(x_{r-1}, y_r)$$

unter den Restriktionen

$$x_r = f_r(x_{r-1}, y_r), \quad x_r \in X_r, \quad y_r \in Y_r(x_{r-1}) \quad \text{für } r=1,2,\ldots,m$$

$$x_0 = x_a.$$

Gesucht sind bei dieser Optimierungsaufgabe Werte für $y_1, y_2, \ldots, y_m$ so daß die Zielfunktion den maximalen Wert annimmt und die Restriktionen erfüllt sind.
Die optimalen Werte für y ergeben sich auf folgende Weise:
Man definiere Abbildungen F_r (definiert auf D_r mit Werten im Bereich der natürlichen Zahlen) rekursiv durch

$$F_r(x,y) = u_r(x,y) + \max_{n \in Y_{r+1}(f_r(x,y))} F_{r+1}(f_r(x,y), n)$$

$$F_m(x,y) = u_m(x,y)$$

Man wähle

$y_1^* \in Y_1(x_0)$ so daß $F_1(x_0, y_1^*) = \max$ und setze $x_1^* = f_1(x_0, y_1^*)$
$y_2^* \in Y_2(x_1^*)$ so daß $F_2(x_1^*, y_2^*) = \max$ und setze $x_2^* = f_2(x_1^*, y_2^*)$
.
.
.
$y_m^* \in Y_m(x_{m-1}^*)$ so daß $F_m(x_{m-1}^*, y_m^*) = \max$ und setze $x_m^* = f_m(x_{m-1}^*, y_m^*)$

Im Beispiel der P_1-Optimierung (viertes Kapitel, Abschnitt A) ist zu setzen:

$x_0 = A$

X_r = Menge der (m-r)-elementigen Teilmengen von A

$Y_r(x) = x$

$f_r(x,y) = x - \{y\}$

$u_r(x,y) = \sum_{z \in x} P_1(y,z)$

Da in diesem Beispiel die Zustandsmengen in den verschiedenen Stufen disjunkt sind, kann man einige Indizes weglassen.

X. Stimmenzuwachs und Zustimmung zum Kompromißangebot

Zu einer Alternativenmenge A mit m Elementen wird ein m-stufiger Entscheidungsprozeß betrachtet, der zu einer optimalen Präferenz führen soll (bei vorgegebenen Werten im P_1-Protokoll).
In der 1. Stufe wird das Element $a_1 \in A$ ausgewählt, das an 1. Stelle in der Rangordnung der linearen Präferenz stehen soll.
Allgemein wird in der r-ten Stufe ein Element $a_r \in A$ ausgewählt, das an r-ter Stelle in dem linearen Kompromißangebot stehen soll.
Der Stimmenzuwachs beim Übergang von der Stufe r zur Stufe r+1 ist dann

$$s_r = \sum_{i=1}^{r} P_1(a_i, a_{r+1}) .$$

Das endgültige Kompromißangebot lautet

$a_1 > a_2 > \ldots > a_m$,

Behauptung: Die Zustimmung zum endgültigen Kompromißangebot stimmt überein mit der Summe

$s_1 + s_2 + \ldots + s_{m-1}$.

(Wie die Zustände aussehen sollen, ist hierfür unwichtig.)
Beweis: Sei x die charakteristische Funktion zum Kompromißangebot. Dann beträgt die Zustimmung des Gremiums zum Kompromißangebot

$$\sum_{a \in A} \sum_{b \in A} x(a,b) \cdot P_1(a,b) = \sum_{i=1}^{m} \sum_{j=1}^{m} x(a_i, a_j) \cdot P_1(a_i, a_j)$$

$$= \sum_{i<j} P_1(a_i, a_j) = \sum_{i=2}^{m} \sum_{j=1}^{i} P_1(a_j, a_i) = \sum_{i=1}^{m-1} \sum_{j=1}^{i} P_1(a_j, a_{i+1})$$

$$= \sum_{i=1}^{m-1} s_i ,$$

q.e.d.

Inhaltlich ist die Aussage klar, wenn man das Kompromißangebot »von rechts« liest.

Y. Graphentheoretische Darstellung des Kompromißbildungsverfahrens

A sei eine endliche Alternativenmenge mit Kardinalzahl m, gegeben sei ein P_1-Protokoll eines Gremiums von n Entscheidungsträgern. Dann kann man folgenden gerichteten Graphen konstruieren:
Ecken (Knoten) seien alle Teilmengen von A, Pfeile seien alle geordneten Paare $(X, X - \{a\})$ mit $X \subset A$ und $a \in X$.
Die durch die Pfeile gegebene Relation auf der Potenzmenge von A ist antireflexiv und antisymmetrisch, daher handelt es sich um einen schlichten gerichteten Graphen (vgl. erstes Kapitel, Abschnitt D). Die Pfeile des Graphen seien bewertet durch

$$w(X, X-\{a\}) = \sum_{x \in X} P_1(a, x)$$

(vgl. viertes Kapitel, Abschnitt A).
Eine optimale Präferenzrelation wird beschrieben durch einen längsten Weg von A nach Ø. Zur Bestimmung der optimalen Präferenzen kann man also Verfahren der Graphentheorie einsetzen.

Z. Transitive Hülle einer Vergleichsrelation

Sei $R \subset A \times A$ eine Vergleichsrelation über A. Kann man diese Relation R erweitern zu einer Relation R^*, die transitiv ist?
Dazu erinnere man sich an das Produkt $R \circ S$ zweier Relationen

$$x (R \circ S) y \Leftrightarrow (\exists z)(z \in A \wedge x R z \wedge z S y) .$$

Führt man zur Abkürzung noch ein

$R^1 = R, \quad R^{n+1} = R^n \circ R,$

so kann man definieren

$R^* = R^1 \cup R^2 \cup R^3 \cup \ldots$

Diese Menge ist endlich, da $R^* \subset A \times A$. Die Relation R^* ist offenbar transitiv, denn sei $a R^* b$ und $b R^* c$. Dann gibt es natürliche Zahlen m und n mit

$a R^m b \wedge b R^n c$.

Stellt man sich die Definitionen ausführlich hingeschrieben vor, so sieht man sofort

$a R^{m+n} c$

und damit

$a R^* c,$

was zu zeigen war.
Die Relation R^* hat nur einen Schönheitsfehler: sie muß nicht antireflexiv sein, es kann also Elemente $a \in A$ geben mit $a R^* a$.
R^* heißt die transitive Hülle von R. Nun kann man leicht auf den Gedanken kommen, die transitive Hülle bei der Konstruktion einer kollektiven Präferenzrelation zu verwenden: wenn das Abstimmungsparadoxon auftritt, nehme man einfach die transitive Hülle der »paradoxen« Relation. Den oben erwähnten Schönheitsfehler kann man ins Positive wenden: man erhält als Kompromißrelation eine Präferenz-Indifferenz-Relation (eine Präordnung).
Zur Diskussion dieser Fragen sei auf Sen[9] verwiesen.

---

9 Amartya Sen, Social Choice Theory: a Re-examination, a.a.O., S. 56 ff.

Kurzfassung

Im ersten Kapitel werden drei Ansätze in der Entscheidungstheorie (Kriterien, Relationen, Auswahlfunktionen) erwähnt. Dann wird der Relationen-Ansatz weiter verfolgt. Der Begriff der Präferenzrelation wird erweitert (Transitivität wird nicht gefordert). Ein Optimalitätsbegriff für kollektive Präferenzrelationen wird festgelegt.

Im zweiten Kapitel wird der Optimalitätsbegriff mit anderen verglichen und einige Eigenschaften optimaler Präferenzrelationen werden angegeben. Eine Rekursionsformel zur Berechnung der optimalen Präferenzrelationen wird aufgestellt.

Im dritten Kapitel werden Auswahlfunktionen genauer betrachtet. Beispiele für die Konstruktion optimaler Präferenzrelationen werden angegeben. Die Kompliziertheit des Verfahrens wird untersucht. Ein Abschnitt beschäftigt sich mit strategischen Abstimmungen. Das Kapitel wird abgeschlossen durch Anmerkungen über das Axiom »Unabhängigkeit von irrelevanten Alternativen« und über die »Eigenschaft α«.

Im vierten Kapitel werden Algorithmen zur Konstruktion optimaler Präferenzrelationen zusammengestellt: dynamische Optimierung, Branch and Bound, lineare Optimierung. Dieses Kapitel setzt einige Kenntnisse in Operations Research voraus.

Im fünften Kapitel geht es um die kardinale Bewertung der Alternativen. Das bisher angegebene Verfahren liefert nur Rangfolgen für die Alternativen. Darüber hinaus soll nun eine Gewichtung der Alternativen vorgenommen werden. Zunächst werden einige bekannte heuristische Verfahren erwähnt. Dann wird eine Bewertung der Alternativen mit ganzen Zahlen angegeben, falls genau eine optimale Präferenzrelation existiert. Zum Schluß des Kapitels wird noch auf Indifferenz- und Präordnungsrelationen eingegangen.

Im sechsten Kapitel wird eine präzisierte Delphi-Methode angegeben für die Konstruktion einer Bewertung im allgemeinen Fall (auch wenn mehrere optimale Präferenzrelationen existieren). Außerdem wird ein Verfahren vorgeschlagen, das den üblichen Ansatz der Nutzwertanalyse verallgemeinert.

Der empirische Anhang enthält einen Vergleich der vorgeschlagenen kardinalen Bewertung mit Bewertungen nach der üblichen Delphi-Methode (für ein Beispiel aus der Raumplanung).

Im mathematischen Anhang sind einige Definitionen, Sätze und Beweise angegeben, auf die im Text Bezug genommen wird. Der mathematische Anhang enthält auch einige Computer-Programme.

Summary

In the first chapter three approaches in decision theory are mentioned: criteria, binary relations and choice functions. Then the approach of binary relations is further considered. The notion of a preference relation is extended (transitivity is not required). A concept of optimal collective preference relations is given.

In the second chapter, the concept of optimality is compared with others and some properties of optimal preference relations are stated. A recursion formula to compute the optimal preference relation is established.

In the third chapter choice functions are considered more detailed. Examples are given for the construction of optimal preference relations. The complexity of the algorithm is investigated. A passage deals with strategic voting. The chapter is concluded with some remarks on the axiom of the independence of irrelevant alternatives and on the property α.

In the fourth chapter algorithms for the construction of optimal preference relations are put together: dynamic programming, branch and bound, linear programming. This chapter presupposes some knowledge in Operations Research.

The fifth chapter deals with cardinal scales on the set of alternatives. The method described hitherto only yields ordinal scales. Beyond that, weights for the alternatives are now to be given. First, some well known heuristic methods are mentioned. Then, an evaluation of the alternatives with integer numbers is given in the case, that there exists one and only one optimal preference relation. At the end of the chapter, indifference relations and preorder relations are considered.

In the sixth chapter a revised Delphi-method is given for the construction of an evaluation in the general case (even if there exist several optimal preference relations). Moreover, a method is proposed, which generalizes the usual »Nutzwertanalyse« (a special method for multicriteria decision making developed by Zangemeister). The empirical appendix contains a comparison of the proposed cardinal scales with the scales of the usual Delphi-method (for an example from urban and regional planning).

In the mathematical appendix some definitions, theorems and proofs are given, which are referred to in the main text. The mathematical appendix also contains some computer programs.

Résumé

Dans le premier chapitre trois approches en théorie des choix sont mentionnées: critères, relations binaires et fonctions de choix. Alors l'approche des relations binaires est considérée plus amplement. La notion d'une relation de préférence est augmentée (transitivité n'est plus demandée). Une conception d'optimalité pour des relations de préférence collectives est determinée.

Dans le deuxième chapitre la conception d'optimalité est comparée avec des autres et quelques propriétés des relations de préférence optimales sont notées. Une formule de recourrence pour calculer les relations de préférence optimales est donnée.

Dans le troisième chapitre, les fonctions de choix sont discutées plus en détail. Des examples pour la construction des relations de préférence optimales sont donnés. La complexité de l'algorithme est examinée. Une section traite des votes stratégiques. Le chapitre se termine par quelques remarques sur l'axiome de l'indépendance d'alternatives irrélevantes et sur la »propriété α«.

Dans le quatrième chapitre des algorithmes pour la construction des relations de préférence optimales sont assemblées: programmation dynamique, branch and bound, programmation linéaire. Ce chapitre suppose quelques connaissances en recherche opérationnelle.

Dans le cinquième chapitre il s'agit d'échelles cardinales sur l'ensemble des alternatives. La méthode décrite jusqu'à présent fournit seulement des échelles ordinales. Outre cela, des pondérations pour les alternatives doivent être données maintenant. Premièrement, quelques méthodes heuristiques bien connues sont mentionnées. Ensuite, une pondération des alternatives avec des nombres entiers est donnée pour le cas où il existerait précisément une relation de préférence optimale. A la fin du chapitre des relations d'indifférence et des relations de préordre sont examinées.

Dans le sixième chapitre une methode Delphi révisée est donnée pour la construction d'une pondération au cas général (même s'il existent plusieurs relations de préférence optimales). De plus, une méthode est proposée généralisant la »Nutzwertanalyse« (une méthode spéciale d'analyse multicritère développée par Zangemeister).

L'appendice empirique contient une comparaison des échelles cardinales proposées avec les échelles de la méthode Delphi usuelle (pour un exemple de l'aménagement du territoire).

Dans l'appendice mathématique quelques définitions, théorèmes et preuves sont données, auxquels le texte se réfère. L'appendice mathématique contient aussi quelques programmes pour le calculateur électronique.

Резюме

В первой главе упоминаются три подхода в теории решений (критерии, отношений, выборочные функции). Далее обращается внимание на подход отношений. Расширяется понятие отношения преимущества (транзитивность не требуется). Определяется оптимальное выражение для коллективных отношений преимущества.

Во второй главе оптимальное выражение сравнивается с другими, указываются некоторые свойства оптимальных отношений преимуществ. Дается рекурсивное уравнение для расчета оптимальных отношений преимуществ. В третьей главе подробно рассматриваются выборочные функции. Даются примеры для конструкции оптимальных отношений преимущества. Исследуется сложность процесса. Один раздел посвящен стратегическим настройкам. Глава заканчивается замечаниями об аксиоме «Независимость от иррелевантных альтернатив» и «О свойствах α«.

В четвертой главе приводятся алгоритмы для конструкции оптимальных преимущественных отношений: динамическая оптимизация, алгоритм ветвей и границ, линейная оптимизация. Для более глубокого понимания этой главы необходимы знания в области методов исследования операций.

В пятой главе рассматривается основная оценка альтернатив. Описанный ранее метод применяется к случаю приоритета альтернатив. В дальнейшем проводится оценка альтернатив. После этого указывается оценка альтернатив целыми числами, когда существует точное оптимальное преимущественное отношение. В конце главы затрагиваются нейтральные и допорядковые отношения.

В шестой главе подробно описывается метод дельфи для построения оценки в общих случаях (даже когда имеются несколько оптимальных преимущественных отношений). Кроме того, предлагается способ, обобщающий обычный подход к анализу коэффициента использования.

Экспериментальное приложение содержит сравнение предложенных основных оценок с оценками по обычному способу дельфи (для случая планирования пространства). Математическое приложение охватывает определения, теоремы и доказательства, на которые имеются ссылки в тексте. В математическом приложении приводятся программы для некоторых ЭВМ.

Literaturverzeichnis

Arrow, Kenneth J., Social Choice and Individual Values, Second Edition, New Haven 1963
Bachfischer, Robert, Die ökologische Risikoanalyse, Diss., München 1978
Bachfischer, Robert und Jürgen David, Die ökologische Risikoanalyse – ein Instrument ökologischer Raumplanung, in: Bauwelt, 69. Jg., 1978, S. 1342–1347
Barthélemy, Jean Pierre und Bernard Monjardet, The Median Procedure in Cluster Analysis and Social Choice Theory, in: Mathematical Social Sciences, Band 1, 1981, S. 235–267
Bartnick, Jürgen, A Construction of a Collective Preference Relation, in: Methods of Operations Research, Band 41, 1981, S. 319–322
Bartnick, Jürgen, Kompromißbildung bei unvollständiger Information, in: Information in der Wirtschaft, Schriften des Vereins für Socialpolitik, NF., Band 126, 1982, S. 167–170.
Bechmann, Arnim, Nutzwertanalyse, Bewertungstheorie und Planung, Bern und Stuttgart 1978
Bellen, Alexander van der, Mathematische Auswahlfunktionen und gesellschaftliche Entscheidungen, Basel und Stuttgart 1976
Bermond, J.-C., Ordres à distance minimum d'un tournoi et graphes partiels sans circuits maximaux, in: Mathématiques et sciences humaines, Band 37, 1972, S. 5–25
Bermond, J.-C., und Y. Kodratoff, Une heuristique pour le calcul de l'indice de transitivité d'un tournoi, in: Revue française d'automatique, informatique et recherche opérationelle, Ser. informatique théorique, Band 10, 1976, S. 83–92
Black, Duncan, On the Rationale of Group Decision Making, in: Journal of Political Economy, Band LVI, 1948, S. 23–24
Blin, Jean-Marie, Patterns and Configurations in Economic Science, Dordrecht und Boston 1973
Blin, Jean-Marie, King-Sun Fu und Andrew B. Whinston, Application of Pattern Recognition to Some Problems in Economics, in: A.V. Balakrishnan (Hrsg.), Techniques of Optimization, New York und London 1972
Borda, J.-C. de, Mémoire sur les élections au scrutin, Mémoires de l'académie royale des sciences, 1781
Bourbaki, Nicolas, Eléments de mathématique, Livre I, Théories des ensembles, chapitre 3: ensembles ordonnées, cardinaux, nombres entiers, Paris 1967
Bowman, V.J., und C.S. Colantoni, Majority Rules under Transitivity Constraints, in: Management Science, Band 19, 1973, S. 1029–1041
Burkov, V.N., und V.O. Groppen, Branch Cuts in Strongly Connected Graphs and Permutations Potentials, in: Automation and Remote Control, Band 6, 1972, S. 111–119
Butler, Kim Ki-Hang, The Number of Partially Ordered Sets, in: Journal of Combinatorial Theory (B), Band 13, 1972, S. 276–289
Campbell, Donald E., Realization of Choice Functions, in: Econometrica, Band 46, 1978, S. 171–180
Chipman, J.S., Consumption Theory without Transitive Indifference, in: J.S. Chipman, L. Hurwicz, M.K. Richter und H.F. Sonnenschein (Hrsg.), Preferences, Utility and Demand, New York, Chicago, San Francisco, Atlanta 1971, S. 224–253
Condorcet, Marquis de, Essai sur l'application de l'analyse à la probabilité des décisions rendues à la pluralité des voix, Paris 1785
Cook, W.D., und A.L. Saipe, Committee Approach to Priority Planning: the Median Ranking Method, in: Cahiers du Centre d'Etudes et de Recherche Opérationelle, Band 18, 1976, S. 337–351
deCani, John S., Maximum Likelihood Paired Comparison Ranking by Linear Programming, in: Biometrika, Band 56, 1969, S. 537–545
deCani, John S., A Branch and Bound Algorithm for Maximum Likelihood Paired Comparison Ranking, in: Biometrika, Band 59, 1972, S. 131–135
Eberle, Dieter, Bewertungsmethoden für regionale Siedlungsstrukturkonzepte – Eine Untersuchung zur Verwendbarkeit neuer entscheidungstheoretischer Ansätze in der Planungspraxis, Hannover 1979

Eberle, Dieter, Fallbeispiele zur Weiterentwicklung der Standardversion der Nutzwertanalyse – Exemplarische Ansätze aus dem Bereich der Siedlungsstrukturplanung, Hannover 1981

Evans, J.W., F. Harary und M.S. Lynn, On the Computer Enumeration of Finite Topologies, in: Communications of the ACM, Band 10, 1967, S. 295 ff.

Fishburn, Peter C., Utility Theory, in: Management Science, Band 14, 1968, S. 335–378

Fishburn, Peter C., Utility Theory for Decision Making, New York 1970

Fishburn, Peter C., Comment on Hansson's Group Preferences, in: Econometrica, Band 38, 1970, S. 933–935

Fishburn, Peter C., Representable Choice Functions, in: Econometrica, Band 44, 1976, S. 1033–1043

Flueck, John A., und James F. Korsh, A Branch Search Algorithm for Maximum Likelihood Paired Comparison Ranking, in: Biometrika, Band 61, 1974, S. 621–626

Gäfgen, Gérard, Theorie der wirtschaftlichen Entscheidung, Untersuchungen zur Logik und Bedeutung des rationalen Handelns, 3. Aufl., Tübingen 1974

Gibbard, Allan, Manipulation of Voting Schemes: a General Result, in: Econometrica, Band 41, 1973, S. 587–601

Guénoche, Alain, Un algorithme pour pallier l'effet Condorcet, in: Revue française d'automatique, informatique et recherche opérationelle, Ser. recherche opérationelle, Band 11, 1977, S. 77–83

Hansson, Bengt, Group Preferences, in: Econometrica, Band 37, 1969, S. 50–54

Hwang, Ching-Lai, und Abu Syed Md. Masud, Multiple Objective Decision Making – Methods and Applications, Berlin, Heidelberg, New York 1979

Hwang, Ching-Lai und Kwangsun Yoon, Multiple Attribute Decision Making. Methods and Applications. A State-of-the-Art-Survey. Berlin, Heidelberg, New York 1981

IRPUD (Institut für Raumplanung der Universität Dortmund), PROSAB I, Ein computergestütztes System zum Entwurf und zur Bewertung in der kommunalen Baulei- und Entwicklungsplanung, Teilvorhaben: Testanwendungen und Weiterentwicklung des Programmsystems, Band I, Einführung und Kurzfassung, Dortmund 1979 (Schriftenreihe Landes- und Stadtentwicklungsforschung des Landes Nordrhein-Westfalen, Band 2.012)

Jamison, Dean T., und Lawrence J. Lau, Semiorders and the Theory of Choice, in: Econometrica, Band 41, 1973, S. 901–912

Kemeny, John G., Mathematics without Numbers, in: Daedalus, Band 88, 1959, S. 577–591

Klein, Reinhard, Nutzenbewertung in der Raumplanung, Basel und Stuttgart 1978

Krishnamurthy, V., On the Number of Topologies on a Finite Set, in: American Mathematical Monthly, Band 73, 1966, S. 154–157

Lawler, Eugene L., A Comment on Minimum Feedback Arc Sets, in: IEEE Transactions on Circuit Theory, Band 11, 1964, S. 296–297

Majumdar, Tapas, The Measurement of Utility, London 1958

Marcotorchino, J. François, und Pierre Michaud, Optimisation en analyse ordinale des données, Paris 1979

Miller, George A., The Magic Number Seven, Plus or Minus Two. Some Limits on Our Capacity for Processing Information, in: Psychological Review, Band 63, 1956, S. 81–97

Moon, J.W., Topics on Tournaments, New York 1968

Osborne, D.K., Irrelevant Alternatives and Social Welfare, in: Econometrica, Band 44, 1976, S. 1001–1005

Plott, Charles R., Path Independence, Rationality, and Social Welfare, in: Econometrica, Band 41, 1973, S. 1075–1091

Ray, Paramesh, Independence of Irrelevant Alternatives, in: Econometrica, Band 41, 1973, S. 987–991

Remage, Russell, und W.A. Thompson, Maximum-likelihood Paired Comparison Rankings, in: Biometrika, Band 53, 1966, S. 143–149

Rödding, Walburga, Aggregation of Individual Preferences – an Algorithm for Constructing Compromises, Göttingen 1975

Satterthwaite, Mark Allen, Strategy-proofness and Arrow's Conditions: Existence and Correspondence Theorems for Voting Procedures and Social Welfare Functions, in: Journal of Economic Theory, Band 10, 1975, S. 187–217

Schindowski, Dieter, und andere, PROSAB – Ein computergestütztes System zum Entwurf und zur Bewertung in der kommunalen Baulei- und Entwicklungsplanung, Grundversion, Band 1, Wissenschaftliche Grundlagen und Systembeschreibung, Dortmund 1976 (Schriftenreihe Landes- und Stadtentwicklungsforschung des Landes Nordrhein-Westfalen, Band 2.011/I)

Schindowski, Dieter, und andere, PROSAB − Ein computergestütztes System zum Entwurf und zur Bewertung in der kommunalen Bauleit- und Entwicklungsplanung, Grundversion, Band 2, Materialien, Dortmund 1976 (Schriftenreihe Landes- und Stadtentwicklungsforschung des Landes Nordrhein-Westfalen, Band 2.011/II)

Sen, Amartya, Collective Choice and Social Welfare, San Francisco 1970

Sen, Amartya, Choice Functions and Revealed Preferences, in: Review of Economic Studies, Band 38, 1971, S. 307–317

Sen, Amartya, Social Choice Theory: a Re-examination, in: Econometrica, Band 45, 1977, S. 53–89

Sengupta, Manimay, Monotonicity, Independence of Irrelevant Alternatives and Strategy-proofness of Social Decision Functions, in: Review of Economic Studies, Band XLVII, 1980, S. 393–407

Sertel, Murat, und Alexander van der Bellen, Synopses in the Theory of Choice, in: Econometrica, Band 47, 1979, S. 1367–1389

Sharp, Henry, jun., Quasi-orderings and Topologies on Finite Sets, in: Proceedings of the American Mathematical Society, Band 17, 1966, S. 1344–1349

Sharp, Henry, jun., Cardinality of Finite Topologies, in: Journal of Combinatorial Theory, Band 5, 1968, S. 82–86

Slater, Patrick, Inconsistencies in a Schedule of Paired Comparisons, in: Biometrika, Band 48, 1961, S. 303–312

Starr, Martin K., und Milan Zeleny (Hrsg.), Multiple Criteria Decision Making, in: TIMS Studies in the Management Sciences, Band 6, 1977

Szpilrajn, Edward, Sur l'extension de l'ordre partiel, in: Fundamenta Mathematicae, Band 16, 1930, S. 386–389

Tell, Bertil, An Approach to Solving Multi-person Multiple-criteria Decision-making Problems, in: Stanley Zionts (Hrsg.), Multiple Criteria Problem Solving, Berlin, Heidelberg, New York 1978, S. 482–493

Tüshaus, Ulrich, Approximation of Binary Relations by Preorders, in: Methods of Operations Research, Band 43, 1981, S. 445–454

Velsinger, Paul, Entscheidungen ohne explizit formulierte Ziele bei unvollkommener Information, Untersuchung unter besonderer Berücksichtigung der Problematik der regionalpolitischen Entscheidung, Opladen 1971

Wagner, Klaus, Graphentheorie, Mannheim 1970

Walsh, Vivian Charles, Introduction to Contemporary Microeconomics, New York 1970

Zangemeister, Christof, Nutzwertanalyse in der Systemtechnik, Eine Methode zur multidimensionalen Bewertung und Auswahl von Projektalternativen, München 1970

Namenverzeichnis

Arrow, Kenneth J. 24, 47
Austin, T. R. 60

Bachfischer, Robert 66, 73
Balakrishnan, A. V. 40
Barthélemy, Jean-Pierre 24, 30, 31, 56
Bartnick, Jürgen 32, 52
Bechmann, Arnim 66, 73
Bellen, Alexander van der 35, 36
Bermond, J. C. 32, 44
Black, Duncan 30
Blin, Jean-Marie 24, 40, 41, 42
Borda, J. C. de 60
Bourbaki, Nicolas 113, 114
Bowman, V. J. 57, 64
Burkov, V. N. 56
Butler, Kim Ki-Hang 121

Campbell, Donald E. 36
Chipman, J. S. 63
Colantoni, C. S. 57, 64
Condorcet, Marquis de 24
Cook, Wade D. 56
Copeland, A. H. 60

David, Jürgen 66
de Cani, John S. 56, 57

Eberle, Dieter 66
Evans, J. W. 121, 122

Fishburn, Peter C. 36, 49, 65
Flueck, John A. 56
Fu, King-Sun 40, 42

Gäfgen, Gérard 60, 65
Gibbard, Allan 46
Groppen, V. O. 56
Guénoche, Alain 19, 22, 44, 56

Hansson, Bengt 49
Harary, F. 121, 122
Hurwicz, L. 63
Hwang, Ching-Lai 16

IRPUD (Institut für Raumplanung der Universität Dortmund) 69, 71, 72, 75, 80–95, 140

Jamison, Dean T. 15

Kemeny, John G. 31
Klawonn, Klaus 52
Klein, Reinhard 16, 67
Kodratoff, Y. 32
Korsh, James F. 56
Krishnamurthy, V. 122

Lau, Lawrence J. 15
Lawler, Eugene L. 31
Lynn, M. S. 121, 122

Majumdar, Tapas 46
Marcotorchino, J. François 57
Masud, Abu Syed Md. 16
Michaud, Pierre 57
Miller, George A. 46
Monjardet, Bernard 24, 30, 31, 56
Moon, J. W. 18

Osborne, D. K. 49

Plott, Charles R. 36

Ray, Paramesh 47, 49
Remage, Russell 31, 44, 45
Richter, M. K. 63
Rödding, Walburga 22, 24, 32, 40, 42

Saipe, A. L. 56
Satterthwaite, Mark Allen 46
Schindowski, Dieter 69
Sen, Amartya 24, 36, 49, 56, 64, 147
Sengupta, Manimay 49
Sertel, Murat R. 36
Sharp, Henry jun. 122
Slater, Patrick 23, 31
Sleight, R. B. 60
Sonnenschein, H. F. 63
Starr, Martin K. 16
Szpilrajn, Edward 28, 142

Tell, Bertil 66
Thompson, W. A. 31, 44, 45
Thurstone, L. L. 60
Tüshaus, Ulrich 56

Velsinger, Paul 16

Wagner, Klaus 19
Walsh, Vivian Charles 64
Whinston, Andrew B. 40, 42

Yoon, Kwangsun 16

Zangemeister, Christof 15, 16, 60, 65, 150, 151
Zeleny, Milan 16
Zionts, Stanley 66

Sachverzeichnis

Abstimmung 21, 22
Abstimmungsmatrix 21, 22
Abstimmungsparadoxon 24, 29, 72
Adjazenzmatrix 27, 43
Aggregation von Präferenzen 24
Alternativen 15
antireflexiv 18, 20, 113
antisymmetrisch 18, 20, 67
Austin-Sleight-Regel 60
Auswahlfunktion 15, 36, 38, 49
Axiom IIA 48, 49

Bewertung 33, 60, 61
Borda-Regel 5, 60
Branch and Bound 138

charakteristische Funktionen 27, 28, 125, 126
choice functions 36
Condorcet-Effekt 24, 29
Copeland-Regel 60

Delphi-Methode 5, 65–69
D-optimal 31
dreiwertig 22
dynamische Optimierung 31, 51, 52, 143

ehrliche Präferenzrelation 46, 47
Eigenschaft α 37, 49, 61
eingipflige Präferenzrelationen 30
Entscheidungen bei mehrfacher Zielsetzung 16
extreme Gewichtungen 66, 68, 70

Gödelisierung 118
Graph 18, 19, 63
graphentheoretische Darstellung 146

Hamming-Distanz 40, 41, 126, 127, 131
heuristisches Verfahren 32, 34, 52, 57, 60
höhere Protokolle 32

identitiv 114
independence of irrelevant alternatives 24, 47
Indifferenz 17, 32, 63, 64, 67, 70, 72, 113–115
Indizes 69, 75–79
Information 23, 30, 32, 47, 67, 71
Intervallskala 59, 68

kardinale Bewertung 33, 59, 60, 61, 71
KNS-Bewertung 61, 68, 70, 73
kollektive Nutzenskala 59, 61
kollektive Präferenzrelation 24, 48
Korrelation 70–72
Kriterien 15, 16
Kriterien-Ansatz 15, 16, 38, 59

linear s. vollständig (bei Relationen)
lineare Optimierung 56, 57
lineare Transformation 68, 71

Manipulation 47
Median-Relation 31
Mehrdeutigkeit 72
Mehrheitsentscheidung 32, 127, 129
Minimierung 30, 31
Minuspunkt 30, 31
multiple criteria decision making 16, 66

nearest adjoining orders 23
Nutzenfunktion 65
Nutzungsarten 75
Nutzwert 60, 65
Nutzwertanalyse 15, 65, 66, 68, 73

Optimalitätskriterium 24, 27, 29, 30, 31
ordinale Bewertung 59, 61, 71
ordinale Delphi-Runden 5, 67, 69, 72, 73
Ordnungsrelation s. Präferenzrelation

P_0-optimal 32, 44
P_0-Optimierung 42, 44, 52, 56
P_0-Protokoll 23, 32, 42
P_1-optimal 31–33, 44, 48, 59, 60, 67, 73
P_1-Optimierung 34, 39, 44, 46, 49, 56, 60, 61, 67
P_1-Protokoll 22, 23, 32, 37, 38, 40, 41, 52, 54, 55, 59, 60, 67, 73, 126, 132
paarweise Vergleiche 17, 31, 59
Parlamentswahlen 59
Permutation 44, 116, 123, 124, 132
Präferenz-Differenz 42, 61, 62
Präferenzrelation 15, 16, 18, 29, 30, 64
Präordnungsrelation 64, 113, 147
PROSAB 69
psychologische Grenze 46
psychologische Restriktion 73

quasi-transitive Relationen 63, 64

Rangfolgen 20
Rang-Korrelation 70
Rangordnungssummenregel 60
Raumplanung 7, 35, 66
Rechenzeit 45, 57, 136–138
reflexiv 113
Rekursionsgleichung 34, 52
Relationen-Ansatz 15, 16

Satz von Szpilrajn 28, 142
single-peaked 30
social choice function 47
Stimmen 59, 60, 142
Stimmenzuwachs 145
strategische Abstimmung 46

Teilmengen 117, 118
Thurstone-Regel 60
Topologie 121, 122

total s. vollständig (bei Relationen)
transitiv 20, 52, 56, 67
transitive Hülle 146, 147
Turnier 18

Unabhängigkeit von irrelevanten Alternativen 47, 48
unvollständige Präferenzen 72

Vergleichsrelation 18, 60, 67
vollständig 18, 64, 116

Wert(a,X) 34, 38, 60
Wert-Determinante 39, 132

Zeilensummen-Verfahren 53–56, 60
Ziele 16, 17
Zielerfüllungsgrad 65
Zielertrag 65
zweiwertig 22

159

Programmverzeichnis

ABSTIMMUNG 129–130
DELPHI (Subroutine) 141
DOWN (Subroutine) 125
DUAL (Subroutine) 119
GOEDEL (Subroutine) 118
KNS (Subroutine) 138–139
KNSDELPHI 140–141
KORRE (Subroutine) 141
MEHRHP (Subroutine) 130
MEHRHR (Subroutine) 130
NEXT (Subroutine) 124–125

ORD (Subroutine) 120
ORDNUNGEN 119–120
PERM 124
PERMAT (Subroutine) 124
RETRO (Subroutine) 125
TORD (Subroutine) 130
WERT (Procedure ALGOLW) 133
WERT (Function PASCAL) 136
WERTE1 (ALGOLW) 133–134
WERTE2 135
WERTE3 (PASCAL) 135–136

Wenn keine Programmiersprache angegeben ist, handelt es sich um Programme in FORTRAN IV (Hauptprogramme oder Subroutines).

187422